조선은
조심
하라

위기의 조선을 떠올리며 우리의 미래를 생각한다

조선은
조심
하라

김기홍 지음

페가수스

대한민국을 조망하다

하나.

이 책은 조감도鳥瞰圖다. 큰 새의 눈으로 동북아시아의 조그만 나라 대한민국의 과거와 현재 모습을 거리를 두고 바라본 글이다. 때로는 아쉬움을, 때로는 안타까움을, 때로는 희망을, 때로는 절망을 마음 가는 대로 그려보았다.

큰 새의 눈이란, 공간적인 의미에서, 눈앞에 있는 것을 보면서도 그것이 속한 전체 모습을 잊지 않음을 말한다. 시간적인 의미에서는 옛날과 지금, 가능하면 미래까지 함께 보겠다는 것을 말한다. 가장 중요한 것은 거리를 두고 바라보겠다는 다짐이다. 어느 정도의 거리 가 적당한지는 확신하지 못한다. 역사의 소음에 휩쓸리지 않으면서 도, 역사의 장場에서 일어나는 일을 찬찬히 볼 수 있으면 충분하지 않을까 싶다. 그러니 이 책은 동북아시아 작은 반도의 나라, 그것도 남과 북으로 갈라진 나라, 그 한국의 처지를 따뜻하고 애정 어린 시선으로 바라본 글을 모은 것이다.

한국을 바로 보기 위해서는 지리적 위치를 염두에 두지 않을 수 없다. 미국, 중국, 일본, 러시아의 입장과 관점이 우리에게 중요해질 수밖에 없는 이유다. 이것으로 충분하지 않다. 분단된 남쪽에 있는 한국이 세계와 연결되면서 발전해온 그 시간적 궤적을 살피고, 미래를 향해 가는 기업과 산업의 발전도 염두에 두어야 한다. 아, 이것으로도 충분하지 않다. 한국의 내부에서 일어나는 활화산과 같은 사회적 문제에도 관심을 두지 않으면 안 된다. 한 나라 구성원의 행복은, 4대 강국의 정치·외교적인 문제보다, 이런 문제에 의해 더 좌우될 수 있기 때문이다. 그래서 주변 강대국의 입장과 관점은 2부 '대한민국을 뒤흔드는 바람', 한국이 세계와 연결되면서 발전해온 시간적 궤적은 3부 '굿바이 자유무역', 미래를 향해 가는 기업과 산업의 발전은 4부 '웰컴 미래산업', 활화산과 같은 사회적 문제는 5부 '대한민국을 돌아보다'에서 설명하였다. 마지막 6부 '코로나19 이후의 세계와 대한민국'에서는 코로나19 이후 어떻게 한 시대가 가고 오는지에 관한 간략한 설명과 함께, 변화와 갈등에 객관적으로 대처해 갈 수 있는 '품격과 초월'이라는 마음가짐도 설명하였다.

한 가지 질문을 던진다. 한국인이라는 이유만으로 이런 문제에 관심을 가져야 할 이유가 있는가?

그렇다. 이유는 차고 넘친다. 아침부터 저녁까지의 일상에 한국이라는 나라의 씨줄(정치까지 포함한 역사)과 날줄(문화와 사회까지 포괄하는 경제)이 무수히 교차하기 때문이다. 개인의 일상은 결코 사회의 역사적, 경제적 맥락과 무관하지 않다. 한국이라는 외피를 벗어던진다면, 내가 당연하게 생각하는 이 하루의 일상이 어디론가 증발해버릴지 모른다. 다시 말해, 내가 소중하게 생각하는 이 하루의 일상을 유지하기 위해서라도 한국이라는 나라의 씨줄과 날줄을 마음에 새길 필요가 있다.

내 조감도는 조선 말기, 1890~1910년대로부터 시작한다. 대한민국의 2020년 상황이 이 시기와 상당히 비슷하다는 착각 아닌 착각 때문이다. 경제적으로 상당히 발전했다는 점을 제외하면, 지금의 대한민국은 당시의 조선보다 못하다. 나라를 뒤흔드는 바람이 더 거세

졌는데, 그때와 달리 한반도는 남북으로 갈라져 있기 때문이다.『조선은 조심하라』라는 복고적인 제목은 그로 인한 조바심과 아쉬움에 기반을 둔 것이다. 그래서 이 책에는 조선에 관한 관심이 여기저기 등장한다. 대표적인 사례가 네덜란드 헤이그에 자리한 '이준 열사 박물관'을 방문한 소감을 적은 부분이다. 48세에 생을 마감한 이준 열사를 상상의 힘을 빌려 그려보았다. 일본과 중국을 언급한 부분에서도 조선에 관한 관심이 두드러진다. 중국과 일본. 이 두 나라와 어떤 관계를 맺느냐가 한국인의 일상적인 행복과 불행을 많이 좌우한다. 미국 역시 그러하다.

씨줄을 타고 가서 날줄을 등에 업고 이 땅 위에 두 다리를 두고 조선 사람으로서 당당히 살아갈 수 있는 길을 찾아야 한다.

둘.

앞서 말했듯이 이 책은 조감도다. 조선이라는 과거를 돌아보았다면, 이제 대한민국의 현재와 미래를 살펴볼 차례다.

대한민국은 지금 '바람'과 '폭풍'의 와중에 서 있다. 우선 대한민국을 뒤흔드는 4대 강국의 '바람'이 이전보다 거세졌다. 이뿐 아니다. 세계 전체를 아우르는 미증유의 변화가 '폭풍'처럼 거세다. '바람'만도 버거운데, 전 세계에 몰아치는 '폭풍'은 어디로 가야 할지 방향을 잡기 어렵게 만든다. 이 폭풍은 과거와 같은 형태의 수출과 경제성장(본문에서 말하고 있지만, 한국은 지금까지 수출 위주의 경제성장 정책을 시행해 왔다)을 어렵게 만들고, 한 나라의 경제체질을 뒤바꿀 정도로 산업을 근본적으로 바꾸고 있다. 밖에서 불어오는 폭풍 못지않게 내부의 폭풍도 거세다. 일자리, 부의 불평등, 공정의 문제 등이 그것이다. 더는 불평등을 참지 못하겠다는 아래로부터의 소리가 시간이 지날수록 커지고 있다.

외부로부터의 폭풍을 '자유무역의 종말' '제4차 산업혁명의 시작'으로 정리할 수 있다면, 내부로부터의 폭풍은 '공정의 재정의' '부의 불평등 해소'로 정리할 수 있을 것이다. 지나친 단순화라는 사실을 모르는 바 아니다. 하지만 거리를 두고 바라보면 이런 특성이 서서히 솟아오름을 느낄 수 있다.

방향에 불과하지만, 이 책에서 과감히 문제와 해결 방안을 제시하려 한 부분은 '공정'과 '부의 불평등' 문제다. 공정이라는 문제는 '울 타리의 안과 밖'이라는 프레임, 부의 불평등 문제는 '아파트, 이놈의 아파트'라는 우격다짐으로 제시하였다. 둘 다 한국의 재도약을 위해 반드시 검토해야 할 성질의 것이다.

셋.

조선은 조심하라! 그러면, 조심만 하면 충분한 것인가? 당연히 그 렇지 않다. '바람'과 '폭풍'을 맞을 준비를 해야 한다.

'바람'이 거세지면 처음에는 순응해야 하지만, 바람의 세기에 익 숙해지면 그 바람에 올라탈 준비도 해야 한다. 그러나 '폭풍'이 거세 질 때 맞서 싸우는 건 어리석은 일이다. 대책없이 맞서기보다는 폭 풍의 흐름을 알고 그것을 이용할 준비를 하는 것이 최고의 방책이 다. 바람과 폭풍이 동시에 거세질 때는 호흡을 가다듬으며 때를 기 다리는 지혜도 필요하다. 그러니 중요한 것은 태도다.

아, 하나가 빠졌다. 100년 전의 조선이 그러했던 것처럼, 지금의 한국 역시 어떤 의미에선 바람과 폭풍보다 더 무서운 것이 있다. 내부의 비아냥과 이간질, 그리고 대중영합주의가 그것이다. 아무리 밖으로부터의 바람과 폭풍에 잘 대응하더라도, 내부로부터 무너지면 누구도 감당하지 못한다. 2019년, 한국에는 무엇보다 이런 비아냥과 이간질, 대중영합주의가 한바탕 휘몰아쳐 사람들의 혼을 빼고 말았다. 2020년에도 이런 태도는 변하지 않고 있다. 정론과 사려 깊은 태도를 순진함과 모자람으로 여겼고, 미래를 내다보는 사려 깊은 제안을 어리석음으로 치부했다. 그래서 결과는 끝을 내다보기 어려운 싸움, 그리고 싸움이었다.

품격과 초월. 바람과 폭풍을 넘어 새로운 시대로 가는 데 필요한 덕목을 이 두 단어로 정리하고 싶다. 이견이 있을 수 있다. 그러나 이 두 덕목만 있다면 한국의 현재와 미래는 두렵지 않을 것이다.

넷.

이제 마지막 질문을 던진다. 바람과 폭풍에 휩싸인 한국 사람인 당신. 당신은 자신의 미래를 위해, 혹은 일상적인 삶의 차원을 높이기 위해 무엇을 해야 하는가? 이 책에는 이 질문에 대한 직접적인 답이 제시되어 있지 않다. 하지만 눈썰미 좋은 독자라면 이 책을 읽고 나서 적어도 다음 세 가지 다짐만은 가슴에 새길 수 있을 것이다.

첫째, 한국을 둘러싼 바람과 폭풍의 본질은 '쉴 새 없이 몰아치는 변화'라는 것이다. 그래서 외부의 변화에 대응하기 위해, 진부한 말이지만, 스스로를 변화시켜야 한다. 하지만 명심해야 한다. 바꾸는 일은 일시적인 순간이 아니라 지속하는 과정이어야 한다. 여건이 된다면 그 '과정'과 과정 끝에 만나는 '목표'를 이해하기 위해 독자들과 다른 책으로 만날 생각이다. 그러니 먼저 독자들이여, 저 언덕 위로 도약하기 위해 함께 새벽을 깨우자.

둘째, 한국의 발전을 도모하기 위해서는 사회적으로 던지는 발언과 태도가 매우 중요하다. 각자의 외모가 다른 것처럼, 생각과 처지도 다르다. 다른 것을 틀린 것으로 간주하지 말고, 상대방을 인정하고 배려하고 함께 걸어가자. 품격이 바로 그것이다. 개개인의 품격이 모이면 사회 전체의 품격이 되고, 사회의 품격은 정치와 외교의 품격으로 연결된다.

셋째, 이 다짐은 불필요할 수도 있다. 바로 초월에 관한 것이다. 뜬

금없지만 초월은 변화와 품격을 지탱하는 근원적인 토대일 수 있다. 알고 있다. 이 책에서 이런 부분에 대해 자세히 설명하지도, 설명할 수도 없다는 사실을. 하지만 이 책에서 강조하는 모든 주제는 사실상 초월에 근거한 것이다. 씨줄로 일본, 미국, 중국을 뛰어넘고, 날줄로 자신의 여건을 뛰어넘고, 마침내 뛰어넘은 그 자리마저 뛰어넘어야 한다.

다섯.

눈썰미 좋고 생각 깊은 독자라면 이 책을 덮으며 어떤 말을 떠올릴까? 자연스레 이런 말이 떠오르지 않을까?

대한 사람, 대한으로 길이 보전하세.

차례

1부

세계의 질서가
바뀌고 있다

1. 새로운 시대가 온다

COLUMN_ **한 시대가 가고 있다***

노란 조끼Yellow vest!. 리스본에서 로마행 비행기를 기다리며 펼쳐든 뉴욕타임스 1면에 등장한 기사 제목이다. 노란 조끼라니? 환경보호를 위해 부과한 유류세 인상에 반대하며 시작된 노란 조끼 운동이 시간이 흐를수록 기존 정치·경제 구조에 대한 저항으로 연결되고 있었다. '환경보호를 위해 내일을 걱정해야 한다고? 우리는 바로 이달 말이 걱정이다.' 한 마디로 못 살겠다는 얘기다.

브렉시트Brexit. 영국의 EU 탈퇴를 찬성한 이들은 누구일까? 고등교육을 받은 인구의 비율이 낮은 곳일수록, 연봉 중간값이 25,000파

---

* 이 책에 제시한 칼럼은 〈아시아경제〉에 2019년 한 해 동안 게재한 글이다. 특별히 밝힐 이유가 있는 경우를 제외하고는 칼럼의 게재 날짜를 밝히지 않았다. 더불어 이 책에 실린 칼럼의 내용이 게재 당시와 다소 다를 수 있음을 밝힌다. 시간의 흐름을 고려하여 변경된 사항을 수정했기 때문이다.

운드를 넘는 비율이 낮은 곳일수록 EU 탈퇴에 찬성하는 비율도 높았다. 한 마디로 저소득, 저학력, 노년층이 찬성의 주축이었다. 왜 그랬을까? 영국의 문화적 요인도 한몫했을 것이다. 그러나 그보다는 이민자가 빼앗아가는 일자리, 당장 다음 달 낼 집세를 걱정하는 사람들의 목소리가 드높았던 까닭이다. 아직 브렉시트 협상은 끝나지 않았다. 이 혼란은 어떻게 수습될 것인가?

유럽에서 진행되고 있는 이 같은 흐름을 어떻게 이해해야 할까? 기본적으로는 날이 갈수록 심해지는 소득 불평등이 외부로 드러났다고 볼 수 있다. 도대체 소득 불평등은 어느 정도인가? 세계 소득 불평등 보고서(2018년)는 '지난 37년간 소득 상위 0.1%인 700만 명의 부자가 가져간 몫이 하위 50%인 38억4천만 명에 돌아간 몫과 같다.'고 한다. 이 뿐 아니다. 소득 불평등의 또 다른 얼굴은 세대 간 갈등이다. 아무리 노력해도 지금 청년 세대가 아버지 세대의 영광을 누리기는 어려워 보인다. 이런 불평등과 갈등이 유럽에만 국한된 이야기일까? 아니다. 2011년 9월 '우리가 99%다'라는 구호를 외치며 등장한 '월스트리트를 점령하자Occupy the Wall Street!' 역시 같은 문제의 미국 버전이다. 토마스 피케티가 말한 '글로벌 자본세*'로 이 문제를 해결할 수 있을까? 소득 불평등이라는 미시적 관점으로 보는 한 이

---

* 글로벌 자본세란 개인이 가진 모든 자산을 합쳐서 세금을 매기되, 자산이 많을수록 세금이 많아지는 누진세를 부과하고, 이를 전 세계 모든 나라가 똑같이 적용하는 방식을 말한다.

문제의 해결은 거의 불가능하다. 그 밑을 흐르는 시대의 흐름을 보아야 한다.

이 같은 흐름들은 거시적으로는 1945년 제2차 세계대전 이후 형성된 국제 정치·경제 질서가 '본격적으로' 무너지고 있음을, 그리고 그 질서를 바탕으로 이룩한 성장과 소득분배 역시 어려워지고 있음을 시사한다. 쉽게 말하자. 전후에 형성된 GATT/WTO, IMF 등 자유무역주의 다자간 경제체제와 이를 바탕으로 한 경제성장의 시대가 저물고 있다. 미국의 트럼프 행정부가 물러나면 다자간 체제가 복원될지 모른다는 헛된 기대는 버려야 한다. 트럼프 대통령을 완강히 지지하는 35~40%의 미국인들이 그런 체제를 원치 않는다. 그들은 말한다. '내 손 안의 돈이 세계 평화보다 우선이다.' 유럽의 평화와 번영을 담보했던 다자간 체제인 EU도 흔들리고 있다. '공동번영? 내 일자리가 더 중요하다.' 그래서 세계 어디서건 지금의 청년층은 이전 세대가 누렸던 경제적 혜택을 누리기 어려워 보인다. 그들은 말한다. '우리에게 미래는 없다.'

그러니 미·중 무역분쟁은 무너져가는 다자간 체제 시대의 마지막 헤게모니 싸움이고, 그 결과와 무관하게 중국의 득세, 그리고 일방주의 혹은 상호주의의 시대가 오고 있다. 과거 보호무역의 대명사였던 중국이 오히려 자유무역을 주장하는 역설의 시대에 우리는 살고 있다.˙

한 시대가 가고 있다. 비행기가 EU와 재정적자 문제로 한바탕 홍역을 치른 이탈리아에 가까워지고 있다. 동북아시아의 작은 나라 한국은 홍역을 치를 대상조차 없다. 홀로 서야 한다. 다가오는 일방주의의 시대, 소득 불평등을 개선하고 청년에게 꿈과 미래를 주기 위해서는, 적어도 향후 10년간 지속적 산업구조 조정, 혁신적 기술개발, 시장 확대와 같은 경제적 현명함을 발휘해야 한다.

이 험난한 새로운 시대를 슬기롭게 헤쳐 나갈 지혜가 함께 하기를 새로운 시대의 여명에 기대한다.

2020, 새로운 10년의 시작

2020년, 새로운 10년을 시작하는 그 첫해가 시작되었다. 새로운 10년을 맞이하는 소감을 어떻게 정리해야 할까?

아무리 생각해도 한 시대가 가고 있다.

1960년대 이후 대한민국의 고도 성장을 가능하게 했던 자유무역, GATT/WTO를 중심으로 한 다자간 무역체제가 종언을 고하고 있다. WTO 기능의 약화와 함께 자유무역에 대한 우려가 없었던 것은 아니지만, '설마' 하는 마음도 없지 않았다. 우려가 마침내 현실로 드러

---

* 미국이 자신의 무역 상대국에게 보호주의적 조치를 강화하니, 중국이 어처구니없게 WTO에서 자유무역의 중요성을 강조하는 메시지를 던지기도 한다. 참 역설적이다.

난 건 최근 2~3년 미 행정부의 움직임으로부터였다. 트럼프 정부는 수시로 WTO에 불신을 드러냈고, 분쟁 해결절차 상소 기구를 실질적으로 무력화했으며, 다자간 무역협상 대신 양자간 무역협정을 선호하는 모습을 보였다.

'미국을 다시 위대하게Make America Great Again'. 미국민들에게는 호소력 있는 구호일지 모르나, 세계 다른 모든 나라에게는 그렇지 않다. 미국을 다시 위대한 나라로 만들겠다는 명분으로 그동안 세계가 어렵게 합의해온 국제법적 질서를 무너뜨리고 있기 때문이다. 세계의 미래를 담보하는 기후조약에서 임의탈퇴하고, 일방적으로 관세를 부과하고, 미국의 요구를 들어주지 않으면 보복하겠다는 말을 공공연히 거론하고, 심지어 과거 행정부가 체결한 FTAFree Trade Agreement: 자유무역협정마저 부정하는 움직임을 보인다. 그러니 미국과 중국의 무역 분쟁은 당연한 귀결인 셈이다. 무역 의존도가 높은 한국으로서는 헤쳐 나가야 할 험난한 풍랑을 눈앞에 둔 셈이다.

아무리 생각해도 한 시대가 가고 있다.

유럽에서의 변화 역시 한 시대가 가고 있음을 똑똑히 보여주는 장면이다. 누구도, 심지어 이 문제를 국민투표에 부친 캐머런 총리마저도, 영국이 EU에서 탈퇴할 거라고 예상하지 못했다. 그러나 결국 가결되었고 3년에 걸친 논란 끝에 EU에서 탈퇴하기 위한 국내 절차를 매듭지었다. 그리고 2020년 말까지 탈퇴 뒤의 복잡한 문제를 해결하기 위한 협상에 들어갔다. EU 탈퇴가 영국에 과연 이로울까? 그렇다면 EU에는 어떨까? 그리고 다른 나라들에 끼치는 영향은 무엇일까?* 사실 조금만 시간을 돌이켜봐도 영국이 고립주의를 유지해 왔다는 사실을 쉽게 발견할 수 있다. 누가 뭐라 하든, 영국 스스로 도버 해협을 경계선으로 과거의 영광, 과거의 고립으로 돌아가겠다는 결정을 내렸다고 평가할 수밖에 없다. 하나의 유럽을 향한 지난 30~40년의 노력을 포기하고 말이다.

노란 조끼Yellow Vest. 프랑스 국민 중 노란 조끼를 입고 일하는 사람들은 어떤 사람들일까? 그렇다. 상대적으로 소득이 적은 사람, 머리보다는 몸으로 일하는 사람, 상대적으로 긴 시간 일해야 하는 사람들이다. 왜 이들이 반기反旗를 들었을까? 반기의 직접적 계기는 정부가 환경보호를 이유로 꺼내든 유류세 인상이다. 유류세 인상은 그간 프랑스 사회에 누적되어온 정치 사회적 불만을 한꺼번에 터뜨리는 도화선이 되었다. 과거 우리나라에서 유행했던 '못 살겠다 바꿔보자'라는 구호를 연상케 한다. 어렵게 생각할 것 없다. 상대적 불평등, 심화하는 소득 양극화, 그로 인해 자꾸 뒤처져 가는 삶의 질質에 대한 반기인 셈이다.

소득 양극화. 자주 접하는 말이지만, 이 현상이 가져오는 결과는 엄청나다. 미국의 '월스트리트를 점령하자Occupy the Wall Street'도 기본

* 영국의 EU 탈퇴가 영국과 EU 모두에게 이롭기 위해서는 2020년 말까지 진행되는 협상이 순조롭게 진행되어야 한다. 협상이 순조롭게 타결되지 않으면 다시 한 번 혼란을 경험할 수 있다.

적으로 소득 양극화에 대한 반발이다. 한 줌도 안 되는 소득 상위 계층들이 부의 대부분을 차지하는 이 말도 못 할 불평등. 한국은 예외일까? 물론 그렇지 않다. 서울 강남의 아파트 한 채를 가지고 있느냐 아니냐에 따라 사회적 계층이 확연히 갈리는 이 현상을 어떻게 바라보아야 할까? 불공정과 불평등에 대한 감수성이 전 세계적으로 증가하고 있다. 과연 어떻게 전개될까? 10년 뒤, 이 문제는 어떤 양상으로 변화되어 있을까?

아무리 생각해도 한 시대가 가고 있다.

기후변화와 환경에 대한 지속적인 무관심이 어떤 사태를 몰고 올 수 있는지, 2020년대의 초입에 다시 목격하고 있다. 6개월 간 이어진 호주의 산불**, 과거보다 더 잦아진 지진, 이전과 비교할 수 없을 만큼 녹아버린 북극해의 빙하, 전 세계 바다를 뒤덮어가는 플라스틱과 쓰레기의 향연 그리고 이 글을 쓰는 지금 전 세계적 관심사로 떠오른 코로나19 바이러스까지.

그래서 이렇게 말할 수밖에 없다. 아무런 걱정 없이 만들고 팔고 사용하고 버리는 시대가 저물고 있다. '그렇게까지 할 필요가 있을까?' 싶은 조치들을 다시 검토하고 일상에 적용해야 한다. 작게는 쓰레기 분리수거, 플라스틱 제품 사용 제한부터 크게는 전 세계 모든 부문에서 이산화탄소 배출량을 획기적으로 줄이려는 노력까지, 서

** 2020년 1월에 내린 비로 겨우 산불을 끌 수 있었다.

두르고 서둘러야 한다. 어느 한 지역 한 나라의 문제가 아니다. 지구라는 유기체가 자신을 못살게 구는 인간들에게 '지구라는 큰 배가 침몰할 수 있다'는 신호를 보내는 것이다. 사스, 메르스, 에볼라 그리고 코로나19까지.

혹자는 말한다. "넘쳐나는 인간을 감당할 수 없는 지구가 과거에 그러했던 것처럼 적절한 인구를 유지하기 위해 이런 바이러스를 만든다."라고. 물론 지나친 궤변이다. 하지만 제대로 대처하지 못하면 지구는 그리고 인간은 위기를 맞이할 수 있다.

아무리 생각해도 한 시대가 가고 있다.

그러나 다음 시대가 어떤 모습으로 다가올지 알아채기는 어렵다. 한국을 둘러싼 국제정세가 변하고, 한국을 뒤흔들던 나라들이 변하고, 한국을 일으켜 세웠던 무역과 산업이 변하고, 무엇보다 한국 내부에서 새로운 변화가 일어나고 있기 때문이다.

새벽을 깨우자.

다가오는 시대가 한국의 시대가 되도록, 그 변화를 한국이 주도할 수 있도록, 여건이 정말 어렵다면 최소한 한국의 목소리가 주변을 둘러싼 나라들에 충분히 전달될 수 있도록 새벽을 깨우자. 100년 전의 그 가슴 아픈 역사가 반복되어서는 안 된다.

2. 100년 전 조선을 기억하라

COLUMN_ **조선은 조심하라**

2019년 2월 20일. 삼성전자가 애플의 아성인 샌프란시스코에서 폴더블 폰을 공개했다. 스티브 잡스가 1세대 아이폰을 공개한 지 12년 만이다. 세계 최초의 폴더블 폰은 아니지만 사용할만한 폴더블 폰으로는 세계 최초다. 그로부터 5일 뒤, 국제모바일산업전WMC, World Mobile Congress에서 중국의 화웨이가 바깥으로 접는 방식의 폴더블 폰을 선보였다. 아직 애플은 별다른 소식이 없다. 하지만 차세대 스마트폰이 한국의 삼성, 미국의 애플, 중국의 화웨이 등의 경쟁이 되리라는 사실을 모르는 사람은 없다.

디지털 혁명의 시기에 한국, 미국, 중국이 얽힌 일은 이뿐이 아니다. 2011년 4월, 애플은 디자인 특허 침해를 문제 삼아 삼성에 소송을 제기했다. 삼성이 아이폰의 둥근 직사각형 스마트폰 외관과 하단의 홈 버튼, 화면의 아이콘 배열 방식을 베꼈다는 주장이었다. 삼성은 '카피캣copycat'이라는 오명을 뒤집어썼다. 항소와 상고, 벌금을 주고받는 과정을 거친 이 소송은 2017년에 이르러 두 회사가 극적으로 타협하면서 일단락되었다. 하지만 이상하다. 대륙의 실수라는 중국의 샤오미가 2011년 8월에 출시한 '미' 스마트폰. 이 제품 역시 아이폰과 무척 흡사했지만, 애플은 샤오미에 소송을 제기하지 않았다.* 역시 한국, 미국 그리고 중국이다.

시선을 조금 돌리자. 2019년 2월 28일. 미국과 북한은 아무런 합의를 보지 못하고 정상회담을 끝냈다. 확대회담에 배석한 볼턴, 그가 들고 온 노란 봉투에 담긴 플러스 알파가 문제였다고 한다. 빅딜 범위에 북핵과 미사일이 포함된 부분은 충분히 이해가 된다. 하지만 거기에 왜 생화학 무기가 포함되었을까? 북미 협상 초기였던 2018년, 일본이 "북미 협상에 생화학무기가 포함되어야 한다."고 주장한 일이 떠오른다. 북한과 미국이 핵 협상의 주역이라면 주연급 조연은 한국과 중국이다. 도대체 일본은 무엇인가?

2019년 3월. 초미세먼지가 한반도를 집어삼켰다. 6일 연속 비상 저감 조치가 시행되었다. 원인이 무엇인가? 국내 요인도 없지 않았지만, 중국발 미세먼지가 한반도로 이동한 영향이 컸다. 하지만 중

---

* 애플이 샤오미에 소송을 제기하지 않은 이유는 여러 측면에서 파악할 수 있다. 가장 큰 이유는 당시의 샤오미가 애플에 그리 큰 위협이 아니었다는 점일 것이다. 반면 삼성은 애플과 '맞짱'을 뜰 수 있을 정도의 경쟁자로 부상하고 있었다.

국은 마이동풍이다. 국민의 생명이 걸린 이 문제를 어떻게 원만히 해결할 수 있을까? 역시 중국이 문제다.

2018년, 한국은 1인당 국민소득 31,349달러로 세계 7번째 3050클럽(국민소득 3만 달러, 인구 5,000만 명 이상) 가입국이 되었다. 이 정도면 살만한 나라가 아닌가? 한국이 (열강에 둘러싸인) 동북아시아 끝자락이 아닌 남미나 동남아에 자리 잡고 있었다면 아마도 떵떵거리는 강대국으로 군림할 수 있지 않았을까?

그러나 현실은 그렇지 않다. 미국에 휘둘리고, 중국 눈치를 보고, 일본에 어이없어한다. 삼성, LG 같은 세계적 IT기업이 있으니 제4차 산업혁명이 본격적으로 진행될 때쯤에는 이 어색한 처지에서 벗어날 수 있을까? 그렇지 않다. 중국은 더 달아나려 할 것이고, 미국은 자꾸 막을 것이고, 일본은 얄밉게 딴지를 걸 것이다. 다 알고 있지 않은가? 중국의 사드 보복 조치는 아직도 완전히 해결되지 않았으며, 일본의 위안부 문제 역시 오리무중이다. 아, 미국의 '돈' 타령도 있다.

"국익, 국격을 위해서는 한 치의 양보도 없이 싸워가기 바란다."
김현종 전 통상교섭본부장의 이임사에 등장하는 이 말은 한국이 처한 엄중한 상황에 대한 자기 성찰이다. 1945년 해방 뒤 우리 국민 사이에 이런 말이 유행했다.

"미국을 믿지 말고, 소련에 속지 마라. 일본은 일어서고 중국은 돌아온다."

이어지는 마지막 말이 무엇인지 아는가?

"조선은 조심하라."

강대국에 둘러싸인 조선 그리고 한국

지금 한국이 처한 상황이 1890년대 조선의 모습과 흡사하다고 지적하는 사람들이 많다. 중국, 미국, 북한, 러시아, 일본까지. 지금 이나라들이 서로 치고받고 목소리를 높이는 모습은 과거 동북아시아의 작은 나라 조선을 둘러싸고 벌이던 강대국들의 소름 끼치는 행태와 정말 비슷하다.

진심으로 묻고 싶다. 미국을 완전히 믿을 수 있을까? 방위비는 왜갑자기 5배를 요구하는 걸까? 아베의 일본은 도대체 무슨 생각을 하는 걸까? 왜 혐한嫌韓의 기치를 높이 드는 걸까? 시진핑의 중국은 한국을 우방으로 생각할까? 아니면 속국으로 생각하는 걸까? 사드 제재를 해제하지 않는 이유는 무엇일까? 러시아는 객관성을 유지할수 있을까? 그들이 그토록 원하는 부동항不凍港 확보가 어려워져도지금의 태도를 유지할 수 있을까?

1890년대와 달리 한국은 문제 하나를 더 가지고 있다. 바로 북한이다. 핵 문제는 해결될 수 있을까? 아니, 핵 문제는 정말 북한과 미국만의 문제일까? 이 문제가 해결되지 않는다고 해서 남북한 경제

협력이 완전히 무산되어야 마땅한 걸까?

이 질문들에 쾌도난마快刀亂麻와 같은 답을 찾기는 어렵다. 그럼에도 불구하고 한 가지 명심해야 할 것은 아무리 문제가 어렵고 복잡하더라도 100년 전 조선이 경험한 가슴 아픈 역사를 되풀이해서는 안 된다는 사실이다.

유럽을 떠돌다가 우연히 네덜란드 헤이그에 자리한 '이준 열사 기념관'을 방문한 적이 있다. 그곳에서 100년 전 나라를 잃어가던 한 조선인의 생각과 느낌을 상상으로 정리해보았다. 그 글을 여기에 옮겨본다.

덴하그Den Haag HS 역. 암스테르담에서 인터시티 열차를 타고 50분쯤 가다가 헤이그 중앙역 다음의 작은 역인 덴하그 역에 내린다. 아담하고 깨끗한 역. 그곳에서 10분쯤 걸어 오늘의 목적지인 이준 열사 기념관에 도착한다.

이준은 열두 살 철부지 시절에 양이洋夷 미국이 강화도에 쳐들어온 이야기를 듣게 된다. 1875년 그의 나이 열여섯 살에는 일본이 일으킨 운양호 사건도 알게 된다. 나라 안팎으로 어수선한 기미가 없었던 건 아니지만 행복한 어린 시절을 보낸다. 그로부터 10년 뒤, 스물여섯 살 청년 이준은 우리나라 최초의 법조인 양성

기관인 한성법관양성소를 졸업하고 조선 최초의 검사가 된다. 1895년, 명성황후가 시해弑害된다. 그 어수선한 시기에도 묵묵히 공부를 계속해서 1898년에는 일본 와세다 대학 법학부를 졸업한다.

한 개인의 이력을 둘러보는 일은 이 정도로 하자. 스러져가는 집안, 가라앉는 배에 올라탄 개인들의 삶이야 대동소이할 뿐이다. 그 스러져가는 집안이 크게 기울어진 결정적인 사건, 아니 스러짐의 결과로 닥치게 된 사건이 1905년의 을사늑약 체결이다. 일본과 씻을 수 없는 역사적 연결고리가 만들어진 것이다. 1910년 경술국치까지 수많은 의병과 민중의 저항이 있었지만, 500년을 지탱해오던 배는 마침내 가라앉고 만다.

그 중간쯤인 1907년. 네덜란드 헤이그에서 열리는 제2차 만국평화회의 소식을 들은 고종황제는 이준을 중심으로 한 밀사를 파견하여 을사늑약의 원천무효를 주장하고 세계열강의 이해와 도움을 청하고자 한다. 그러나 그 결과는 모두가 아는 대로다. 우리의 주장을 제대로 알리기는커녕 만국평화회의에 입장조차 하지 못한다. 그리고 1907년 7월 14일, 이준은 스스로 목숨을 끊는다. 그의 나이 만 48세였다.

암스테르담에서 헤이그로 가는 기차 안. 나는 100여 년 전 이

〈그림 1〉 네덜란드 헤이그의 덴하그 역(좌), 이준 열사 기념관(우)

준 열사가 이 지역을 기차나 자동차 혹은 걸어서 지나는 모습을 떠올렸다. 헤이그가 암스테르담의 남쪽에 자리 잡고 있으니, 어떤 식으로든 지금 기차가 달리는 이 논과 밭, 평야 지역을 지났음이 틀림없다. 이상설, 이위종과 함께였기에 혼자라는 외로움은 없었을지 모르지만, 기울어져 가는 배의 운명을 짊어진 채 그 배가 마지막으로 가라앉는 일을 막기 위해, 아니 그 배가 가라앉는 일을 늦추기라도 위해 이 지역을 지나던 그의 마음을 충분히 상상할 수 있었다. 그저 망해가는 집의 처마 하나라도 붙잡으려는 그 애절한 심정. 일본을 향한 말로 표현할 수 없는 분노와 증오, 고종황제와 조국을 생각할 때마다 가슴이 밑바닥으로 내려앉는 것 같은 아득한 절망. 그런 심정이 아니었을까? 덴 하그로 향하던 그 날, 더러운 차창 너머로 구름이 잔뜩 낀 하늘과 빈 들판을 바라보면서, 나는 그 외로운 길을 가던 1907년의 이준, 이상설, 이위종을 떠올리다가 종내 목이 메었다.

이준 열사 기념관은 호텔로 사용하던 건물의 2층과 3층을 전시관으로 사용하고 있었고, 1층은 공식적인 행사가 있을 때 회의장이나 행사장으로 사용하고 있었다. 전시관에는 이준, 이상설, 이위종 세 분의 행적과 일대기, 을사늑약 당시 조선의 상황, 을사오적, 고종황제가 내린 밀사 신임장, 당시 이들의 행적을 보도한 신문기사들이 좌우로 전시되어 있었다.

전시물 중 을사늑약 체결을 반대하는 상소문의 한 구절이 가슴을 때린다. "전하, 조약을 체결해도 (조선이) 망하고 체결하지 않아도 망할 것이지만 이 조약은 결코 체결되어서는 아니 됩니다." 체결해도 망하고, 체결하지 않아도 망하지 않을 수 없었던 풍전등화의 조선. 그리고 우리의 기억에 남아있는 그 시일야방

〈그림 2〉 고종황제가 을사늑약의 부당성을 알리기 위해 독일 등 5개국 원수에게 보낸 친서

성대곡是日也放聲大哭. 오늘 우리는 목 놓아 대성통곡한다. 그게 조선의 최근 역사다.

20세기 초, 그 어려운 시절 조선의 역사는 100여 년이 지난 지금도 완전히 풀리지 않았다. 4대 열강이 치고받는 그 역사가 21세기에 다시 되풀이될 기미를 보인다. 필요할 땐 배알이라도 내어줄 듯 환대하던 대륙의 걸인들은 사드를 핑계 삼아 한반도를 함부로, 정말 함부로 내친다. 대서양을 건너온 코 큰 사람들은, 한때 한반도를 위해 피를 흘리기도 했지만, 자기 이익을 위해서라면 무슨 짓이라도 할 듯한 몸짓을 취한다. 북쪽의 곰은 그러지 않는 척하면서 한반도 쪽으로 슬며시 한 발을 들이밀고 있다. 가장 가슴을 치게 만드는 존재는 엎어지면 코 닿을 자리에 있는 미성숙한 어린 아이다. 자기 이익을 위해, 장기 불황에서 벗어나기 위해 한반도에 전쟁이 일어나길 암암리에 빌고 있는 듯하다. 오해이길 바라지만, 동족상잔의 비극을 기회 삼아 경제를 일으킨 기억을 다시 떠올리는 것 같다. 더 아쉬운 건 그런 그들과 어처구니없게 짝짜꿍하는 일부 언론과 정치인들이다. 을사오적은 공연히 생겨난 게 아니다.

헤이그를 돌아다니다 보니 우리 한국이, 우리 조선이 그리 불쌍하지 않을 수 없다. 그러니 그 나라의 국민인 나도 불쌍한 걸까? 헤이그 중심부로 들어오니 제2차 만국평화회의가 열렸던 드 리더잘De Ridderzaal이 보인다. 그곳에서 또 한 번 우리의 운명 위에 슬픔이 내려앉았을 것이다. 내 마음을 아는 듯 모르는 듯, 13세기에 지어진 건물은 여전히 건재하다. 비감悲感이 쏟아짐을 어쩔 수 없다.

1945년 해방 뒤 유행하던 말을 다시 씁쓸하게 되뇐다.

"미국을 믿지 말고, 소련에 속지 마라. 일본은 일어서고, 중국은* 돌아온다."

조선은 조심하라.

---

* 본래는 중국인을 비차하는 표현인 '되놈우'으로 되어 있다.

2부

대한민국을
뒤흔드는 바람

1. 미국, 세계를 흔들다

미·중 무역 전쟁, 어떻게 보아야 하나? (2019. 1. 15)

겁쟁이 게임Game of chicken. 마주 보고 달리는 두 자동차는 어느 쪽이 먼저 핸들을 꺾지 않으면 충돌하고 만다. 게임이론은 최소한 어느 한쪽이 핸들을 먼저 꺾는다고 말한다. 이게 균형이다.

2000대 600. 이 숫자에 '억 달러'라는 접미어를 붙이면 미국과 중국이 서로에게 보복 관세를 부과하려는 수입 금액이 된다. 미국이 압도적으로 유리해 보이는 이런 분쟁은 왜 발생했을까?

문제는 단순하다. 중국은 2001년부터 20017년까지 미국에 대해 누적 4조 1천억 달러의 무역흑자를 기록했다. 3조 달러에 달하는 중국의 외화 보유고는 대부분 대미 무역흑자에 근거한 것이다. 미국으로서는 기가 찰 노릇이다. 이뿐 아니다. 중국의 제조업, 특히 첨단기술이 발전은 '기술을 훔쳐서 이룩한 것'이라고 미국은 주장한다. 기술자를 빼내거나, 중국에 투자한 기업에 기술이전을 강요하거나, 정당한 대가를 지불하지 않고 모방했다는 것이다. 미국은 왜 지금에야 이런 점들을 문제 삼을까?

무역적자에 관한 미국의 인내심이 한계에 도달했을 수도 있고, 제4차 산업혁명 시대에 IT 관련 경쟁력만큼은 유지하고 싶은 욕망 때문일 수도 있다. 문제를 이렇게 보면 해법은 어렵지 않다. 대미 무역흑자를 대폭 줄이거나 지적 재산권의 실질적인 보호가 이루어지게 하면 된다. 실제로 중국은 2024년까지 대미 무역흑자를 제로로 만들겠다고 미국에 제안하기도 했다. 겁쟁이 게임의 예측대로 한쪽이 핸들을 꺾을 가능성이 제시된 것이다. 그러니 미국도 '적당한 형태로' 받아들일 준비를 하면 된다.

하지만 이것은 시작의 끝, 즉 거대한 전쟁에서 하나의 작은 전투가 끝난 것에 불과하다. 중국의 무역흑자 축소와 지적 재산권 보호 '약속'이 지켜지지 않거나, 그 약속을 점검하는 절차와 과정이 순조롭지 않으면, 갈등은 다시 시작될 수밖에 없다. 더 큰 문제는 중국을 바라보는 미국의 시선이 쉽사리 변하지 않으리라는 점이다. 워싱턴에서는 2001년 중국의 WTO 가입 승인을 실수로 보는 시각도 없지 않다. 중국이 WTO 가입 뒤의 의무 이행은 등한시한 채 자기 권리만 챙기면서 발전해왔다는 것이다. 이런 논리의 배경에는 환율조작, 전방위적인 보조금 지급, 국가 주도 자본주의state capitalism에 대한 깊은 의구심이 자리 잡고 있다. 예컨대 '중국제조 2025'는 미국의 시각에서 볼 때, 대규모 정부 보조금에 의한 불공정한 국가 주도 산업발전 전략인 셈이다.

어쨌든 미국과 중국, 두 나라 모두 각각의 국내 사정으로 인해 무역분쟁이 '적당한 선에서' 봉합될 가능성이 크다. 하지만 중국이 자신의 경제 발전 전략을 바꾸지 않는 한, 중국을 바라보는 미국의 시각이 바뀌지 않는 한, 양국 간의 분쟁은 근본적으로 해결될 수 없다. 그래서 다 안다. 현재 미·중 무역 전쟁은 미·소 냉전이 끝난 뒤에 시작된 자본주의 세계의 헤게모니 다툼이라는 사실을. 그러니 누구도 말릴 수 없다.

겁쟁이 게임의 균형은 두 국가가 충돌하면 둘 다 공멸하게 된다는 위기의식을 공유함으로써 성립한다. 그런 위기의식이 공유되지 않는다면, 그 결과는 아무도 장담할 수 없다. 따라서 전투는 소강 국면에 접어들 수 있지만, 전쟁은 이제부터 시작이다.

세계를 흔드는 미국

한국과 중국의 무역 전쟁

2020년 1월 16일. 미국과 중국은 미·중 무역 전쟁에 대한 1단계 합의에 서명했다. 합의의 주요 내용은 다음과 같다.

- 미국은 2019년 12월부터 부과하기로 했던 1,600억 달러 규모 중국산 제품에 대한 15% 관세를 철회하고, 기존 3,700억 달러 규모 제품에 대해 1,200억 달러는 15%에서 7.5%로 축소하고, 2,500억 달러는 추후 협의하기로 한다.

- 중국은 향후 2년간 2,000억 달러 규모 미국산 제품을 추가 구매한다. 이 중 미국 농산물에 대해서는 2년간 69억 달러씩 추가 구매하기로 하고, 지적 재산권 보호와 기술이전, 금융시장 개방, 위안화 환율 관련 개혁을 단행하기로 한다.

이 합의를 두고 누가 이기고 졌는지를 분석하는 건 중요하지 않다. 미국과 중국 두 나라 모두 어떤 형태로든 무역 전쟁을 봉합하는 일이 중요했기 때문이다. 그런 이유로 앞에서 말한 대로 '적당한 선에서' 멈췄다. 그러나 중국이 경제 발전 전략을 바꾸지 않는 한, 1차 전투는 끝났을지 몰라도 전쟁이 끝난 건 아니다. 더 험난한 2차 협상이 남아있기 때문이다.

2차 협상이 언제 시작될지, 어떻게 끝날지 알기는 어렵다. 2차 협상의 가장 중요한 이슈는 중국경제의 개혁과 관련된 것이고, 중국이 이 문제에 쉽사리 양보하리라 기대하기는 어렵기 때문이다. 하지만 중국이 중진국을 넘어서기 위해서는 반드시 시스템 개혁이 필요하므로, 미국의 압력을 이유로 적절한 경제 개혁을 단행할 가능성이 전혀 없지는 않다. 따라서 중국이 미국의 경제 개혁 요청을 수락한다면, 미국의 압력에 의해서가 아니라 중국 내부의 필요성 때문이라고 보아야 한다.

2020년 상반기를 휩쓴 코로나19 때문에 2차 협상의 시작은 더욱 어려워졌다. 기온이 오르면 바이러스가 사라질 가능성이 크지만, 그로 인한 상처는 오래갈 것이다. 정치적으로는 시진핑에 대한 비판이 거세질 수 있고, 경제적으로는 성장률을 6% 수준으로 높이는 일이 더 중요해질 테고, 사회적으로는 낙후된 의료체제를 개혁하는 등 전반적인 구조 개혁에 대한 목소리가 커질 수 있다. 그러니 미국과 중국의 제1차 전투는 끝났지만, 전쟁은 끝나지 않았다. 미증유의 혼란이 우리를 기다리고 있을지 모른다.

미국, 왜 이러나?

공공재라는 개념이 있다. 모든 사람에게 필요하지만 누구도 스스로 공급하려고 나서지 않는 재화나 서비스를 말한다. 그래서 대부분 국가가 공급한다. 국방, 교육, 사회 인프라 등이 대표적이다.

국가 간에도 공공재가 필요하다. 무역을 위해서는 합의된 규칙이 필요하고, 국제분쟁을 해결하기 위해서는 자세히 정의된 국제법이

---

* 미국은 코로나19의 세계적 유행이 중국의 과실에 의한 것이라고 주장하며 새로운 대중국 제재의 가능성을 언급하고 있다.

필요하고, 심지어 전쟁 중에도 지켜야 할 암묵적인 합의가 존재한다. 이를 일컬어 국제공공재라고 한다.

국제공공재 역시 어느 한 나라가 나서서 공급하려 하지 않는다. 귀찮고 비용이 많이 들기 때문이다. WTO, UN, 국제사법재판소 등의 국제기구가 이런 국제공공재를 공급해 왔는데, 이같은 국제공공재를 공급하기 위해서는 한 나라의 주도적인 역할이 필요하다. 리더 없이는 WTO나 UN과 같은 국제기구가 제 기능을 발휘하기 어렵기 때문이다. 정치경제학에서는 이런 나라를 '헤게모니 국가'라고 한다. 제2차 세계대전 이후의 헤게모니 국가는 미국이었다. 미국의 합의 혹은 참여 없이는 NATO, GATT/WTO, UN, 기후협약 등이 제대로 기능을 발휘하기 어렵다.

모두 아는 바와 같이, 미국이 이런 주도적 역할을 포기하고 있다. NATO 구성원들에게 더 많은 방위비 분담을 요구하고, WTO가 미국에 유리한 판정을 내리지 않는다는 이유로 분쟁 해결 기구를 무력화하고, UN을 유명무실하게 만들고, 전 지구의 운명이 걸린 기후협약에서 마음대로 탈퇴한다. 리더에게는 어느 정도 자발적인 희생이 필요하고, 그 대신 영광의 자리에 오른다. 지금 미국은 그 영광의 자리가 아무것도 아니라고 말하면서 자발적 희생을 거부하고 있다.

2000년대 이후부터 이런 움직임을 보이기 시작했지만, 눈에 띄게 드러난 건 트럼프 행정부 출범 이후다. 트럼프 행정부의 구호는 명확하다. '미국을 다시 위대하게' 그러나 정작 미국을 다시 위대하게 만드는 게 무엇인지는 명확하지 않다. 지금으로서는 그 구호가 국제 사회에서의 일방주의, 고립주의, 상호주의의 형태로 드러나고 있을 뿐이다. 이런 현상은 미국의 위상이 예전과 같지 않음을 나타내는 증거이기도 하다.

그래서 묻는다. 미국, 왜 이러나? 동북아시아에 자리한 조그만 나라는 미국의 이런 움직임을 불안해하고 있다.

미국은 우리에게 무엇인가?

가쓰라 태프트 밀약. 1905년 7월, 미·일 양국은 미국의 필리핀에 대한 지배권과 일본의 조선에 대한 지배권을 상호 인정하기로 합의했다. 두 나라의 운명을 두 나라 국민은 알지 못한 채, 열강이라는 명칭이 붙은 두 나라가 비밀리에 결정지었다. 그 결과가 무엇인지는 모두가 알고 있지 않은가?

애치슨 라인. 1950년 1월 미 국무장관 애치슨은 미국의 태평양 방위선을 알래스카-일본-오키나와-필리핀을 연결하는 선으로 정한다고 천명하였다. 무슨 말인가? 한국이 제외된 것이다. 반드시 이 애치슨 라인의 결과물이라고 볼 수는 없지만, 그로부터 5개월 뒤, 한국은 피비린내 나는 동족상잔의 전쟁에 휩쓸리게 된다.

이 정도만 하자. 지난 100년간의 동북아시아 역사를 돌이켜보면, 미국은 가장 결정적인 순간에 대한민국에 등을 돌렸다.

아니다. 이런 평가는 온당치 않다. 6.25 사변 당시 대한민국을 위해 가장 많이 피를 흘린 나라, 대한민국의 공산화를 막기 위해 가장 애쓴 나라 역시 미국이다. 그러니 미국을 혈맹이라 말하는 것도 무리는 아니다. 추구하는 바가 무엇이었건 간에, 대한민국을 위해 그들의 젊은 생명을 희생한 점만큼은 아무리 강조해도 지나치지 않다.

하지만 여기까지 하자. 한 사람의 인격에 천사와 악마가 공존하는 것처럼 하나의 국가도 마찬가지다. 그러니 한 쪽 면만을 보고 친미親美의 깃발을 들거나, 반미反美의 깃발을 치켜세우는 건 어리석은 일이다. 한 사람 한 사람의 미국 국민을 대할 때는 인류애에 기반을 둔 친미가 현명하고 합리적이겠지만, 국가의 정책과 관련된 일에서 친미, 반미 한쪽으로 치우치는 건 어리석은 일이다. 고마운 건 고맙게 생각해야겠지만, 고맙다는 이유로 쓸개까지 내줄 필요는 없다.

2020년. 대한민국의 시대적 역사적 소명은 무엇일까? 사람마다 진영마다 정당마다 차이가 있겠지만, 시대적 프레임을 조금 길게 잡고 보면, 우리에게 주어진 소명이 드러난다. 한반도의 평화를 유지하고, 남북한 교류를 확대하면서, 분단을 극복하는 것. 너무 단순하고 순진한 생각일까?

미국과의 관계 설정 또한 우리에게 주어진 소명의 범주 안에서 이루어져야 한다. 북한 핵 문제의 해결은 이 소명을 다하기 위해 반드시 건너야 할 다리다. 그 다리를 어떻게 건널지는 미국과 한국의 시각이 다를 수 있다. 친미의 시각도 아니고 반미의 시각도 아닌 역사적 소명이라는 시각에서 이 문제를 바라볼 필요가 있다.

예를 들자. 주한미군이 당분간 한국에 머물러야 할 필요성에 대해서는 전적으로 공감하지만, 주한미군 주둔을 위해 1년에 50억 달러나 지불할 이유는 없다. 50억 달러라는 돈을 자주국방을 위해 사용한다면 생각보다 더 큰 효과를 거둘 수 있다. 그러니 미국과 관계된 모든 일에 '예스'로 일관하는 건 어리석은 일이다. 가끔은, 아주 가끔은 '노'라고 말할 줄 알아야 한다.

2. 중국, 갈림길에 서다

COLUMN_ ## 중국, 위기는 시작된 것인가? (2019. 1. 11)

"중국이 또 다른 위기의 촉매로 작용할 수 있다."

2019년 전미全美경제학회 연례총회 참석자들이 입을 모아 한 말이다. 단순한 경제 성과보다 중국 그 자체가 불확실하다는 것이다. 2018년 12월, 중국의 PMIPuchasing Manager's Index: 구매 관리자 지수가 50 이하인 49.4를 기록하면서 중국발 불황의 가능성마저 거론되었다. 또 있다. 미·중 무역 전쟁 와중에 연례행사처럼 중국 부채에 대한 우려도 다시 나왔다. 정말 위기는 시작된 것일까?

중국 경제의 성장률이 떨어진 건 맞다. 후진타오 시절 10%를 넘었던 성장률이 6%대로 줄어들었다. 그러나 후진타오 시절에 비해 경제 규모가 8배 이상 커진 만큼, 지속적인 고도 성장은 불가능하다. 중국이 2017년 이후 기업의 부채를 줄이기 위해 성장을 희생한 것이라면 6% 미만의 성장도 양호하다. 문제는 노동과 자본의 단순한 투입, 기술개발보다 기술모방에 의한 양적 성장이 더는 작용하지 않을 수 있다는 점이다.

중국의 부채 규모 역시 적지 않다. 총부채 35조 달러, GDP의 261%에 이른다(2018년 3월). 300%가 넘는 일본, 프랑스도 있는데 왜 중국만 문제일까?

비금융기업 특히 회사채의 규모가 증가하고 있기 때문이다. 2013년 13.8조 달러(GDP 대비 149%)에 불과하던 것이 2018년에는 22.1조 달러(164%)로 늘었다. 하지만 회사채가 자금 조달원에서 차지하는 비중이 10% 미만이고, 회사채 부도 역시 2017년 기준 49건에 불과하기에 큰 의미를 가지지 않는다. 그보다는 공식적인 부채 규모에 잡히지 않는 그림자 금융, 특히 LGFV Local Government Financing Vehicle: 지방정부 융자 플랫폼가 문제다. 이는 2008년 금융위기를 극복하는 과정에서 지방정부가 인프라 투자를 위해 빌린 돈이다.

만약 중국에서 문제가 생긴다면 20조 위안을 상회 하는 이 그림자 금융이 출발점이 될 가능성이 매우 크다. 중국의 양호한 재정상태(GDP의 47%인 정부 부채, GDP의 16%인 대외채무, 3조 달러의 외화보유고)를 생각할 때, 중국의 부채가 세계적인 재앙으로 연결될 가능성은 '아직' 그리 높지 않다. 하지만 그림자 금융으로 대표되는 낙후된 금융시스템을 개선하지 않는 한, 미래를 장기적으로 낙관할 수 없는 것도 사실이다.

지금 당장 중국발 불황이니 위기니 이야기하는 것은 옳지 않을 수 있다. 하지만 중국이 지금까지의 양量의 경제에서 질質의 경제로 전환하지 않는다면, 언제 갑자기 전 세계 금융위기의 촉매로 작용하게 될 지 모른다.

위기를 피하기 위해 중국이 질의 경제로 산업구조를 재편하고, 금융을 선진화하고, 독자적인 기술개발을 이루어낼 수 있을까? 어렵지 않다. 중국이 '중국제조 2025'의 방향과 전략, 시기를 조금 바꾸기만 하면 된다. 시장을 걸어 잠그고, 기술을 베끼고, 제품을 모방하고, 물량으로 퍼붓는 방식을 지양하고, 완성의 시기를 5년 정도 늦추면 된다. 중국 제조製造, 중국 창조創造, 중국 건조建造의 목표를 조금 수정하기만 하면 된다.

역설적이지만 미·중 무역 전쟁이 이 길로 가는 방편이 될 수 있다. 못 이기는 척 바꾸면 되지 않는가? 창어 4호가 달 뒤편에 착륙하고, 바이두가 자율주행과 인공지능 분야에 진출했다고 해서 중국이 기술 대국의 길로 들어섰다고 이야기할 수는 없다. 나비 한두 마리가 봄을 약속하지는 않는다.

만약 그렇게 한다면 (못 이기는 척 슬쩍 바꾼다면) 시진핑의 말대로 '백 년에 한 번 찾아올 큰 변혁의 시기'에 중국이 위기가 아닌 기회의 시작을 만들 수 있을지도 모른다. 하지만 그게 가능할까?

갈림길에 선 중국

22조 400억 달러와 22조 달러.

IMF 자료를 바탕으로 예측한 중국과 미국의 2019년 GDP 총액이다. 이 예측치는 PPP purchasing power parity: 구매력 평가지수를 기준으로 한 것으로, 명목 GDP와는 다소 차이가 있다. 한 가지 분명한 사실은 실제 구매력을 기준으로 할 경우, 중국이 이미 미국을 추월했거나 조만간 추월하리라는 점이다. 그러니 G2는 그저 단순한 용어가 아니라 현재의 세계 경제 추이를 일목요연하게 드러내는 용어다. 쉽게 말하자. 미국과 중국, 중국과 미국이 경제 규모에서 자웅을 겨룬다는 뜻이다. 반세기 이상 도광양회 韜光養晦의 모습으로 잠행하다가 드디어 굴기 屈起를 시작한 것이다.

하지만 그렇게 승승장구하던 중국이 갈림길에 서 있다. 그 갈림길을 한 마디로 표현하면 다음과 같다.

'지금의 추세를 이어가 그토록 원하던 중국몽 中國夢을 이루느냐, 그렇지 않으면 다시 나락으로 떨어지느냐!'

갈림길에 서 있다고 말한 이유는, 지금 중국이 여러 분야에서 매우 양극단의 상황에 부닥쳐 있기 때문이다.

먼저, 경제적으로 가장 큰 문제는 앞의 칼럼에서 이야기한 부채다. 중국의 부채 문제는 세계 경제가 어려움을 보일 때, 아니 연초마나 언레헹시처럼 지적되는 부분이다. 겉으로는 큰 문제가 없어 보이지만(통계적으로만 보면 중국의 재정은 튼튼하다), 통계의 불확실성과 지방 정부와 일부 기업의 방만한 회계처리가 국제 경제 기구에서 종종 문제로 지적된다. 부채의 규모도 크고, 제대로 해결되지 않으면 실물 경제에 매우 큰 영향을 미치기 때문이다. 좀 더 알기 쉽게 말하면, 중국이 부채를 제대로 처리하지 않을 경우, IMF의 구제금융을 받는 극단적인 상황이 어느 순간 발생할지 모른다.

이런 극단적인 예측이 나오는 이유는 모든 나라가 선진국으로 도약하기 전에 한번은 몸살을 앓기 때문이다. 사춘기를 지나며 덩치가 커진 아이가 어른으로 성장하기 위해서는 정신적인 성숙이 뒤따라야 하는 것과 같다. 즉, 경제의 모든 시스템이 투명성과 객관성 차원에서 한 단계 거듭나야 하고, 그런 거듭남이 가장 시급한 분야가 부채 문제라는 것이다. 이를 일컬어 중진국 함정이라고도 한다. 우리 역시 1997년에 'IMF 경제위기'라는 고통스러운 과정을 거치며 시스템적인 비약을 이룩한 바 있다.

중국은 내부적으로 더 큰 문제에 시달리고 있다. 지역별 양극화가 그것이다. 상해를 중심으로 한 중국 동부의 해안지역은 선진국의 어느 지역과 비교해도 모자람이 없다. 하지만 내륙지방은 동부 해안지역과는 전혀 딴판이다. 조금 과장되게 말하면, 중세의 어느 시골을 연상케 할 정도다. 고약한 냄새가 진동하는 더러운 지역이 한 둘이 아니고, 주민들의 위생 역시 열악하기 짝이 없다. 이 같은 양극화는 빈부 격차 확대와 연결되어 중국 사회의 일체성을 심각하게 저해하는 요인으로 작용한다. 성급한 생각일지 모르지만, 중국의 역사를 돌이켜 볼 때 극심한 양극화는 곧 난亂으로 이어졌다. 중국에서 유행한 사스와 2020년의 코로나19도 마찬가지로 지역 양극화와 관련이 깊다.

중국은 산업 측면에서도 두 가지 문제에 직면해 있다. 지금까지 중국의 경제성장을 주도해온 일반 제조업이 부분적으로 흔들리고 있다. '세계의 공장'이라고 불릴 만큼 전 세계 공급망의 중요한 축을 담당하고 있지만, 이제는 제조업 분야 다국적 기업 중 상당수가 중국을 벗어나려 한다. 과거와 달리 임금 수준이 급격히 높아졌고, 다국적 기업에 쏟아지던 특혜도 줄고 있기 때문이다.*

'중국제조 2025'로 대표되는 중국의 IT산업은 세계적인 수준이다. 부분적으로는 한국을 이미 추월했고, 인공지능 분야에서는 미국과 자웅을 겨루고 있다. 굳이 알리바바와 텐센트, 바이두 같은 개별 기업까지 거론할 필요조차 없다. 하지만 지금 전 세계 기업들이 이 분야에서 중국과 협력하기를 주저한다. 미국이 사용한 표현을 빌리면, '기술에 대한 정당한 대가를 지불하려고 생각하지 않기 때문'이다. 중국으로서는 난처하다. 계속 발전하고 세계 기준에 맞추기 위해서는 정당한 지적 재산권 대가를 지불해야 하지만, 지금까지 해온 관행과 경제적 여건이 맞물리면서 차일피일 미루는 형국이다. 이 또

---

* 코로나19로 중국의 국경이 봉쇄된 뒤 세계의 많은 나라는 글로벌 공급망의 붕괴를 경험했다. 그 결과 미국, 유럽 등 주요국은 제조업의 본국으로의 회귀, 즉 리쇼어링을 추구하고 있다.

한 앞서 설명한 중진국 함정과 무관하지 않다. 어느 나라건 한 단계 더 도약하기 위해서는 산업구조와 시스템을 국제 기준에 맞게 재조정해야 한다. 그런 재조정이 없으면 IT와 신산업 그리고 기존의 제조업도 어느 순간 물거품이 될 수 있다. 중국은 이 딜레마를 어떻게 헤쳐 나갈 것인가?

경제적인 문제가 해결된다면, 더 나아가 중국의 위안화가 달러와 같은 국제적 위상을 갖는다면, 중국이 국제무대에서 미국을 뛰어넘는 영향력을 확보할 수 있을까? 결론부터 말하자. 그렇지 않다. 국제 사회의 지도력 혹은 정치적인 헤게모니를 얻기 위해서는 경제력에 버금가는 사상적, 문화적 우월성 혹은 정당성을 확보해야 한다. 돈이 중요하기는 하지만, 전부가 아니라는 것이다.

사상적, 문화적 우월성과 관련해서 가장 먼저 떠오르는 단어는 '중화中華'다. 중국이 세계의 중심이라는 생각이다. 그럴 수 있다. 드넓은 영토와 오랜 역사적 경험을 바탕으로 자신을 스스로 세계의 중심으로 생각할 수도 있다. 하지만 그것이 포용하고 갈등을 해소하는 방향이 아니라 배척하고 갈등을 조장하는 방향이라면, 세계는 중화라는 용어를 받아들이기 어렵다. 주변국과의 교류를 만방래조萬邦來朝: 수많은 나라가 찾아와 조공을 바친다로 이해한다면, 그 자리에 동질성을 바탕으로 한 선린善隣의 싹이 트는 것이 아니라, 물리적 힘을 기반으로 한 갈등의 싹이 튼다.

동북공정東北工程을 생각해 보자. 역사적 사실을 무시한 채, 현재를 기반으로 모든 주변 역사를 자국 역사 안에 편입하려는 행위는 사실史實과 역사에 대한 모독이다. 고구려와 발해는 중국 역사의 일부가 아니다. 그런 주장은 오만과 독선이다. 사상적 문화적 우월성은 스스로 주장한다고 해서 얻을 수 있는 성질의 것이 아니다. 주변국을 충분히 배려하고 포용함으로써 상대방이 인정할 때 얻을 수 있다.* 한 나라의 품격을 좌우하는 것은 GDP나 산업구조와 같은 하드웨어가 아니라, 배려와 겸손 그리고 포용을 바탕으로 한 소프트웨어다.

하나 더 있다. 사회적 투명성의 문제다. 중국에서 시작되어 전 세계를 들끓게 한 코로나19. 시간이 흐르면 이 또한 역사 속으로 사라질 것이다. 하지만 코로나19 문제를 제일 먼저 제기했던 의사 이원량은 오랫동안 기억될 것이다. 중국이 질병의 발생을 숨기기에 급급하지 않고 초기에 선제적으로 대응했더라면 전 세계를 심각한 공포로 몰아넣는 일은 없었을지도 모른다. 건강한 사회에는 정보의 비대칭성이 존재하지 않는다. 가짜 뉴스도 위험하지만, 그보다 더 무서운 것이 정보의 통제다.

중국은 갈림길에 서 있다. 어느 길을 선택할지는 전적으로 중국에 달려 있다. 하지만 그 선택을 지켜보는 주변국, 특히 대한민국의 심사는 편치 않다.

---

* 또 한 가지를 언급하지 않을 수 없다. 시민의식이다. 외국에 나가 보면 안다. 전부는 아니지만, 대다수 룽뭐 어롕객의 메너는 今ﾉﾞ 이차다 공공질서와 도덕에 대한 인식이 매우 낮아 보인다.

3. 동북아시아, 어지럽게 비틀거리다

COLUMN_ **투키디데스의 함정** (2019. 8. 16)

포치破七. 2019년 8월을 기점으로 1달러의 가치가 7위안을 넘어섰다. 2005년 이후 6위안을 오르내리던 위안화의 가치가 드디어 떨어지기 시작했다. 미국의 반응은 신속했다. 2019년 8월 5일, 중국을 환율조작국으로 지정했다. 조금 당혹스럽다. 이미 다섯 차례 환율조작국으로 지정한 과거와 달리, 이번에는 그 파급효과가 예사롭지 않아 보이기 때문이다.

G2의 패권전쟁은 무역전쟁, 기술전쟁을 거쳐 마침내 환율전쟁에 이르렀다. 미국은 환율과 금융정책으로 중국경제를 무차별 공격하겠다는 신호를 보냈다. 1985년 플라자 합의* 이후 2년간 일본 엔화는 65.7% 절상되었다. 미국의 경제 규모를 넘어서려던 일본의 기세가 꺾였고, 그 결과로 '잃어버린 20년'이 시작되었다. 2008년 서브

프라임 모기지 사태. 위기는 분명히 미국에서 시작되었고 그로 인해 전 세계가 고통을 받았지만, 미국은 현재 혼자 독야청청이다. 파생상품의 전 세계적 판매와 양적 완화 그리고 달러라는 기축통화의 힘이다. 전 세계 누구도 감히 대적하지 못한다. 그 전가傳家의 보도寶刀를 드디어 중국에 빼 들었다.

미국이라는 패권국과 중국이라는 도전국. 빅Big '투키디데스의 함정**'이다. 환율전쟁으로도 이 함정의 결말이 보이지 않는다면 거기에는 역사가 가르치는 단 하나의 해법밖에 남지 않는다. 총과 칼이 아닌 미사일이 오가는 전쟁이 그것이다. 16번의 사례 중 12번이 그렇게 끝났다. 소름 끼치는 일이지만 남중국해, 대만 그리고 한반도가 그 전쟁의 대상이다.

일본은 최근 반도체 소재인 포토레지스트의 한국 수출을 부분적으로 허가했다. 무역보복을 시작한지 한 달 만의 일이다. 일본이 무엇이라 주장하건, 이런 일본의 수출규제는 한국 반도체 제조의 급소를 겨냥한 것이다. 일본은 왜 이런 행동을 한 것일까? 어떤 해석을 내놓더라도 한 가지 사실 만큼은 변하지 않는다. 과거와 달리 호락호락하지 않은 한국을 견제하거나 주저앉히려 한다는 것. 일본이라는 패권국과 한국이라는 도전국, 그러니 스몰Small 투키디데스의 함

---

* 1985년 미국, 프랑스, 독일, 일본, 영국의 재무장관이 뉴욕 플라자 호텔에서 외환시장에 개입해 미 달러를 일본 엔과 독일 마르크에 대해 절하시키기로 합의한 것을 말한다.

** 신흥세력이 지배세력의 자리를 뒤엎어올 때 발생하는 흡락스러운 상황

정이다.

한국을 둘러싼 동북아시아의 모든 경제·정치 구조가 변하고 있다. 여기에 북한까지 더해지면, 그 흐름은 설상가상雪上加霜이 될 수도, 금상첨화錦上添花가 될 수도 있다.

하늘을 쳐다본다. 우선 어떤 경우에도 이 한반도가 미사일이 오가는 빅 투키디데스 함정의 해결의 장場이 되어서는 안 된다. 그래서 북한과 미국의 실무 핵 협상의 진전을 살피면서, 개성공단을 재가동하고 금강산 관광을 재개해야 한다. 아니 그렇게 하도록 미국을 설득해야 한다. 필요하다면 '점점 늘어갈(?) 주한미군 주둔비를 대기 위해서'라는 변명이라도 해야 한다. 그 협력을 시초로 북한과 일의대수一衣帶水의 관계를 만들어야 한다. 그것이 일본 같은 외부 세력의 트집에 휘청거리지 않는 경제 구조를 만드는 첫걸음이다. 안다. 북한이 얼마나 미운 짓을 많이 하는지를. 하지만 그 미운 짓은 역설적으로 못남의 표현이다. 그런 다음 일본과 북한의 수교를 도와야 한다. 일본이 북한과 체결하는 배상(보상이 아니다) 협정을 통해 일본의 한반도 강점에 대한 불법성을 확보하고, 그것을 한국과의 관계에 준용하도록 해야 한다.

스몰 투키디데스의 함정은 빅 투키디데스의 함정과 달리 오래 끌 필요가 없다. 일본과 아베를 분리하고, 조금의 손해를 감수하면서 소재부품의 국산화를 밀고 나가기만 하면 된다. 정작 문제는 중국과 미국이다. 어느 쪽에 설 것인지, 선택의 강요를 뿌리쳐야 한다. 선택은 우리의 몫이다. 손을 내밀면 붙잡아야 하지만, 물을 끼얹으면 같이 물을 뿌릴 각오를 해야 한다. 역사가 문을 열 때, 그 기회를 잡는 것은 전적으로 우리의 몫이다.

갈등과 혼돈의 동북아시아

투키디데스의 함정

중국과 미국의 갈등 관계를 연구한 그레이엄 엘리슨은 그의 저서 『예정된 전쟁』에서 투키디데스의 함정이라는 개념을 제시하였다. 투키디데스는 고대 그리스의 역사학자다. 그는 기원전 5세기 자신의 조국인 도시국가 아테네가 휘말렸던 펠로폰네소스 전쟁을 묘사하면서 그 원인을 '아테네의 부상과 그에 따라 스파르타에 스며든 두려움'이라고 지적했다. 즉, 새롭게 부상하는 신흥세력이 지배세력의 자리를 위협해 올 때 불가피하게 혼란스러운 상황이 발생할 수 있는데, 그 상황을 '투키디데스의 함정'이라는 말로 표현했다.* 쉽게 말해서 투키디데스의 함정이란 신흥세력과 지배세력의 갈등 상황을 나타내는 표현이다.

그레이엄 엘리슨의 연구에 의하면 지금까지 세계는 열여섯 차례

---

* 그레이엄 엘리슨, 정혜윤 옮김, 『예정된 전쟁』, p 10 19.

〈표 1〉 16 차례의 투키디데스의 함정

No.	시기	기존 패권국	신흥강자	대상지역	결과
1	15세기 말	포르투갈	스페인	세계 제국	전쟁회피
2	16세기 초	프랑스	합스부르크	서유럽	파비아 전투
3	16, 17세기	합스부르크	오스만 제국	중앙유럽, 동유럽, 지중해	레판토 해전
4	17세기 초	합스부르크	스웨덴	북유럽	30년 전쟁
5	17세기 중반	네덜란드	영국	세계 제국, 유럽	영국-네덜란드 전쟁
6	17세기 말~ 18세기 중반	프랑스	영국	세계 제국, 중앙아시아, 동지중해에 대한 영향력 행사	7년전쟁
7	18세기 말~ 19세기 초	영국	프랑스	유럽	나폴레옹 전쟁
8	19세기 중반	프랑스, 영국	러시아	동아시아	크림전쟁
9	19세기 중반	프랑스	독일	유럽	프랑스-러시아 전쟁
10	19세기 말~ 20세기 초	중국, 러시아	일본	동아시아	최초 중일전쟁, 러일전쟁
11	20세기 초	영국	미국	세계 경제 패권 및 서구세계 해양력 우월성	전쟁회피
12	20세기 초	영국	독일	유럽, 해양 패권 장악	제1차 세계대전
13	20세기 중반	소련, 프랑스, 영국	독일	유럽	제2차 세계대전
14	20세기 중반	미국	일본	아시아 태평양 지역	태평양 전쟁
15	1940년~ 1980년대	미국	소련	세계 패권 장악	전쟁회피
16	1990년~ 현재	영국, 프랑스	독일	유럽 정치 영향	전쟁회피

자료 : 그레이엄 엘리슨의 책 『예정된 전쟁』에 수록된 부록을 재구성

의 투키디데스의 함정을 경험했다고 한다.

〈표 1〉과 같이 투키디데스의 함정은 대부분 전쟁을 치르면서 해결되었고, 전쟁을 회피한 사례는 네 차례에 불과하다. 가장 최근의 사례로는 1940년대부터 1980년대까지 이어진 미국과 소련의 냉전, 1990년대부터 현재까지 이어지고 있는 영국, 프랑스, 독일의 영향력 싸움 등이 있다.

그레이엄 엘리슨은 현재 미국과 중국의 무역전쟁을 또 하나의 투키디데스의 함정이라고 묘사하면서, 과연 양국의 갈등이 어떤 방식으로 해결될 수 있는지, 혹은 해결해야 하는지를 분석하였다. 당연한 말이지만, 전쟁을 치르지 않고 해결해야 함을 강조한다.

투키디데스의 함정, 빅 앤 스몰

앞의 칼럼에서 어지럽게 전개되는 동북아시아 상황을 두 개의 투키디데스의 함정으로 정리하였다. 빅 원Big One은 당연히 미국과 중국 사이에 전개되는 상황이고, 스몰 원Small One은 한국과 일본 사이에 전개되는 상황이다. 일본의 한국에 대한 수출규제를 투키디데스의 함정으로 보는 데 동의하지 않을 수 있다. 하지만 한국이 이만큼 경제적으로 발전하지 않았다면 일본의 무리한 수출규제도 없었을지 모른다. 우스운 말이지만, 일본의 한국에 대한 질투와 조바심이 수출규제의 배경일 수 있다.

급변하는 동북아시아 상황을 결정하는 가장 큰 변수變數는 북한이다. 미국, 중국, 일본이 상수常數라면, 상수의 움직임을 결정하는 가장 큰 요인이 북한이다. 한국은 상수와 변수의 틈바구니에서 힘든 싸움을 해 나갈 수밖에 없다. 가장 중요한 것은 한국과 북한이 어떤 방향으로, 어떤 방식으로 서로 관계를 맺어나가느냐 하는 부분이다.

이 책 전체에 걸쳐 일관되게 강조하고 있지만, 투키디데스의 함정이 진행되는 과정에서, 한국은 독자적인 대북정책의 여지를 될 수 있는 대로 많이 확보해야 한다. '북한에 대한 국제적 제재'라는 틀을 무시할 수는 없겠지만, 제재를 가급적 한국에 유리하게 해석하고 규정하려고 노력해야 한다. 2020년에 접어들면서 우리 정부가 북한에 대한 개별적인 여행 가능성을 언급했는데, 이 역시 독자적인 대북정책의 연장 선상에서 이해할 필요가 있다. 지금도 서구의 많은 나라, 많은 사람들이 북한을 여행하고 있다. 한국은 왜 그 범주에 포함되면 안 되는가?

물론 이 정책에 반대하는 사람들도 있다. 북한 핵 문제 해결에 전혀 도움이 되지 않는다는 것이다. 하지만 북한과의 관계 정립에 한국의 자율성과 독자성이 보장되지 않는다면, 정작 북한 핵 문제가 해결된 뒤에도 독자적인 관계 형성이 어려울 수 있다. 사사건건 지시받고 승인받아야 하는 처지가 될 수 있다는 것이다. 과연 그럴 필요가 있는가?

그럼에도 불구하고 이 문제는 매우 복잡하다. '한국이 북한을 어떤 존재로 인식하는가?' 혹은 '한국과 북한의 미래를 어떤 방향으로 설계해야 하는가?' 하는 다소 어려운 문제와 연관되기 때문이다. 그러나 조금만 시간을 들여 역사의 흐름을 살펴보면 이 문제의 해결 방향이 드러난다. 한국과 북한은 애초에 하나의 나라였고, 당연히 다시 그런 방향으로 가야 하지 않겠는가?

4. 일본, 어디로 향하는가

COLUMN_ **역사에서 경제로, 다시 역사로** (2019. 7. 19)

빌리 브란트 서독 총리는 1970년 폴란드 바르샤바의 유대인 위령탑 앞에 무릎을 꿇고 유대인 학살에 대해 눈물로 용서를 구했다. 그 유명한 '브란트의 무릎 꿇기'다. 메르켈 총리는 2008년 독일 총리로는 처음으로 이스라엘 의회를 찾아 600만 유대인 학살에 대해 용서를 구했다. 독일은 과거의 만행에 일관되게 용서를 구해왔고, 내부적으로는 나치에 대한 책임을 일관되게 묻고 있다. 그 '일관성' 덕분에 지금 독일은 프랑스와 함께 EU를 이끄는 유럽의 리더로 인정받게 되었다.

일본이 과거의 만행에 대해 용서를 구하는 말을 하지 않은 것은 아니다. 그 덕분에 '김대중·오부치 선언'과 같은 한일관계의 미래를 내다보는 선언이 나올 수도 있었다. 하지만 틈만 나면 터져 나오는 독도 영유권 주장과 신사참배, 위안부 문제를 둘러싼 망언은 일본의 혼네(속마음)가 무엇인지를 여실히 보여준다. 사과하라는 요구를 그만두라고? 제발 우리도 그 사과 요구를 그만하고 싶다. 일관성만 보여준다면, 모든 일들을 과거로 돌리고 함께 미래로 나가고 싶다.

'Designed by Apple in California, assembled in China'.

애플의 아이폰 뒷면에 새겨진 원산지 표시다. 세계의 모든 IT 제품은 글로벌 공급망 안에서 만들어진다. 애플은 아이폰에 들어가는 모든 부품과 소재를 전 세계에서 가장 저렴하게 구한 다음 중국에서 조립한다. 그 글로벌 공급망에 대한 '신뢰'가 있기 때문이다. 그게 자유무역이고 공정무역이다. 그런 점에서 아베는 '신뢰'라는 말을 쓸 자격이 없다. 백색 국가에서 제외한다고? 유엔 대북제재위원회 전문가 패널은 군사용으로 전용될 수 있는 품목이 일본에서 북한으로 여러 번 수출된 사례를 보고하고 있다. 더 따져야 하는가? 신뢰니 제재니 하는 다테마에(겉마음)를 거두고 차라리 한국에 대한 혼네를 드러내는 게 낫다.

경제적인 면에서 보면 한국으로서는 단기적인 타격이 불가피하다. 그동안 소재부품의 국산화에 대한 의지를 보이지 않은 것은 아니지만 글로벌 공급망이 순조롭게 가동되는 상태에서 반도체에 필요한 3개의 소재들을 국산화 하는 것은 비효율적이었다. 이제 장기적으로 그 비효율을 고려해야만 한다.

WTO 제소, 국제사회 여론전, 미국의 중재 요구 등 다양한 대응책이 나온다. 심지어 직접적 계기가 된 강제노역 배상 문제를 해결하기 위한 특사 파견 같은 주문도 나온다. 하지만 아무리 급하더라도, 아무리 피해가 크더라도 대응은 원칙 있게 해야 한다. 상대는 '상황에 따라 도덕 기준이 쉽게 변하는 기회주의적 윤리를 갖춘'* 일본이다. 이 문제가 어정쩡하게 봉합되면 '경제보복을 하면 항복하는 한국'이라는 선례가 생겨버린다. 가장 바람직한 방법은 일본 스스로 수치를 느끼고 내지른 주먹을 거두어들이게 만드는 것이다. 민간이 주도하는 '사지도 않고 가지도 않는' 운동, 보복을 주도한 아베 총리 관저를 제외한 일본 경제계와 의회와의 교류를 확대하는 것이 좋은 방법이다. 일부 언론과 정치권의 내부 총질을 거두는 것은 전제조건이다. 왜 구차한 오해를 받으려 하는가?

시야를 조금만 넓히면 아베와 일본의 우익이 무엇을 원하는지 보인다. '일본은 상황이 허락되면 평화로운 세계에서 자신의 지위를 모색할 것이지만, 그런 상황이 아니라면 무장 진영으로 다시 들어갈 것이다.'** 지금 왜 일본의 무역보복을 단순한 경제 문제로 보아서는 안 되는지 그 이유를 말하고 있다.

임진년1592년, 정유년1597년, 경술년1910년 그리고 기해년2019년. 잊지 말아야 할 해가 하나 더 생겼다. 다시 정한론征韓論의 시대가 와서는 안 된다.

*, ** 루스 베네딕트의 『국화와 칼』

이해하기 힘든 일본의 움직임

2019년 7월 1일. 방콕으로 출장 간 다음 날, 아침 식사를 하러 들른 호텔 식당에서 뜻밖의 소식을 들었다.

'일본 경제산업성은 반도체 생산에 필수적인 품목의 한국 수출규제를 강화하는 조치를 7월 4일부터 시행한다고 공식 발표했다.'

2019년 하반기 한국을 뒤흔든 일본의 한국에 대한 수출규제 조치다. 하필이면 반도체와 OLED 패널 제조에 필수적인 포토레지스트, 고순도 불화가스, 플루오린 폴리이미드 세 개 품목이었다.

식사를 계속하지 못할 정도로 충격을 받았다. 이런 식의 수출규제는 시행하면 안 된다. 아무런 합리적 이유 없이(일본은 합리적 이유가 있다고 주장하지만 납득하기 어렵다) 한국이 가장 경쟁력을 가지는 반도체와 OLED의 생산에 치명적인 영향을 끼치는 품목을 팔지 않겠다는 것은 '싸움을 거는 행위'에 다름 아니었다. 출장 내내 어지러운 마음을 달랠 수 없었다.

모두 아는 바와 같이 일본이 수출규제를 강행한 까닭은 강제노역 피해자 문제라는 역사적 과제에 대한 우리 대법원의 판결 때문이다. 역사 문제를 수출규제라는 경제적 제재로 풀어보려는 심산인지 모르겠지만, 경제문제는 다시 한일 양국의 과거 경험과 맞물려 역사 문제로 되돌아갈 수밖에 없다.

No Japan 혹은 No Abe. 이후부터 이어진 한국의 대응 기조였다.

이 정도로 충분할까? 아무리 생각해도 정한론의 시대가 다시 와서
는 안 된다. 그러나 중국도 마찬가지지만, 일본 역시 오래 함께하지
않으면 안 되는 이웃이다. 마음에 들지 않는다고 그 땅을 어디로 옮
길 수는 없지 않은가? 어쩔 수 없이 함께 지내야 하는 이웃을 어떻
게 이해하고 관계를 맺어야 할지 참 어려운 문제다. 특히 개헌을 통
해 전쟁 가능한 국가가 되려는 현재 일본의 움직임은 정말 이해하기
어렵다. 하지만 여기서는 이 같은 일본의 움직임에 대한 상세한 평
가나 설명은 하지 않으려 한다. 그 대신 언젠가 일본을 여행하면서
느낀 소감을 일본과의 관계 설정을 위한 단서로 삼을까 한다.

동경에서의 두 단상

① 사실

아 배낭을 놓고 왔다. 식당을 나와 건널목을 건너는데 동행인
이 외마디 비명처럼 외친다. 호텔에서 추천한 음식점에서 동행
인과 사누끼 식으로 조리한 차가운 우동과 따뜻한 우동을 한 그
릇씩 먹었다. 음식점을 나와 한참을 걸어 내려오다가 식당에서
배낭을 가져오지 않은 사실을 깨달은 것이다. 허겁지겁 식당을
향해 잰걸음을 옮기는데, 건널목 맞은편에 그 식당의 종업원이

배낭을 들고 우리를 기다리고 있었다. 두 손을 모으고 환하게 웃으면서.

이렇게 고마울 수가. '아리가또'라는 말이 저절로 나온다. 손님이 배낭을 찾으러 오기를 기다리지 않고(사실 그래도 아무 불만이 없다), 두고 간 배낭을 발견하자마자 손님에게 돌려주기 위해 종종걸음을 한 것이다.

일본은 친절의 나라다. 미국인과 유럽인들이 빠져드는 것이 이 친절이다. 나도 이 친절에 빠져들고 싶다. 혼네와 다테마에를 거론하고 겉마음과 속마음이 다르다는 것을 아무리 강조해도, 눈앞에서 상대방이 베푸는 친절이 기분 나쁠 리 없다. 개인과 개인, 점원과 고객은 서로 배려하면서 친절을 베풀고 친절을 받아들인다. 정말 고맙다.

② 공상

명치신궁 혹은 메이지진구. 하라주쿠 역에서 내려 오모테산도 출구로 나오면 바로 메이지진구로 향하는 다리가 나타난다. 그 다리를 건너면 토리아이라고 부르는 명치신궁의 입구가 나타난다.

여기서부터 몇 가지 상상.

'토리아이'라고 불리는 신궁 혹은 신사의 입구를 들어서자마자 제2차 세계대전 당시 일본군의 침략전쟁으로 목숨을 잃은 한국, 중국, 동남아 그리고 미국의 민간인과 군인을 위한 위령비가 나타난다. 그 위령비는 뉴욕의 센트럴 파크와 파리의 룩상브르 공원을 능가하는 요요기 공원의 울창한 숲과 묘한 조화를 이루면서 방문객을 경건하게 만든다. 위령비 옆으로는 일본 군국주의의 만행을 고발하는 작은 박물관이 있고 신사를 방문하는 사람들은 모두 이 박물관을 견학하도록 유도하고 있다. 위안부 문제, 난징 대학살 문제, 군함도를 비롯한 징용 문제, 일제 731부대의 생체실험에 관한 기록과 사진과 증언들이 가득하다. 압권은 작은 비석으로 새겨진 이 박물관과 위령비를 건립한 아베 수상의 헌사다. '일본 군국주의가 아시아와 세계에 저지른 만행을 깊이 참회하고 후대에 이 같은 과오를 범하지 않기 위한 타산지석으로 삼기 위해 박물관을 건립한다. 2021년'

다시 현실로 돌아온다.

1970년 빌리 브란트 서독 총리는 폴란드 바르샤바의 유대인 위령탑 앞에 무릎을 꿇고 눈물로 용서를 구했다. 이른바 '브란트의 무릎 꿇기'다. 이 장면을 지켜보던 폴란드 국민의 가슴 속 한과 응어리가 녹아내리며 독일과 폴란드의 국교가 정상화되기 시작했다.

빌리 브란트 총리뿐만이 아니다. 메르켈 총리는 다하우의 옛 나치 포로수용소 해방 70주년 기념식에 참석해 "대다수 독일인이 당시 대학살에 눈을 감았다. 희생자들과 우리 자신 그리고 미래 세대를 위해서라도 과거를 잊지 않겠다."라고 사죄했다. 2008년에는 독일 총리로서는 처음으로 이스라엘 의회를 찾아 "유대인 600만 명을 학살한 것은 독일의 가장 큰 수치"라며 유대인 학살에 대해 용서를 구했다. 아우슈비츠 강제수용소 해방 70주년 연설에서는 "나치의 만행을 되새겨 기억하는 것은 독일인의 영원한 책임"이라고 말했다.[*]

이 정도에서 그쳐야 한다. 메아리도 없는데, 반성하고 사과하라는 같은 말을 반복하는 건 '깨진 독에 물 붓기'다. 아무 의미가 없다. 하지만 독일이 다시 유럽의 중심 국가가 된 것처럼, 언젠가는 일본도 중국, 한국과 함께 동북아시아의 중심이 되었으면 좋겠다. 일본, 중국, 한국이 뭉치기만 하면, 아마도 세계에서 부럽지 않은 지역이 될 것이다. 그 전에 일본판 '브란트의 무릎 꿇

---

[*] 닐 맥그리거, 『독일사 산책』, 2016에서 발췌 인용.

기'는 정말 불가능할까? 만약 일본 수상이 위안부 할머니들 앞에 (무릎을 꿇고) 사죄하거나, 중국의 난징 대학살 기념관 앞에서 (무릎을 꿇고) 사죄한다면, 한국과 중국이 돌팔매를 던질까? 아니다. 이제 됐으니 미래를 이야기하자고 할 거다.

그 전이더라도 두고 간 배낭을 돌려주기 위해 땀 흘리며 허겁지겁 달려온 그 식당 종업원의 선의와 친절을 계속 기억하고 싶다. 나라와 나라 사이가 어려울수록 이 같은 민간의 교류, 사람과 사람의 교류는 확대되어야 하고, 친절은 알릴 필요가 있다.

5. 유럽, 와해하는가 다시 시작하는가

COLUMN_ **보이는 것이 전부가 아니다, 브렉시트**

"3월 29일, 4월 12일, 6월 30일. 이 세 날짜의 공통점은?"

100년 뒤 영국 학생들이 치르는 역사 시험에 나온 질문이라고 하자. 고개를 갸웃거리는 학생들을 위해 힌트를 하나 준다. 2019년의 일이다. 그러면 다음과 같은 답이 줄줄이 쏟아져 나올 것이다.

브렉시트, 혼란과 불확실성, 영토분쟁의 재시작, 위대한 영국을 향한 재출발, 영국 쇠퇴의 시작. 현재 관점에서 볼 때 앞의 두 가지는 비교적 명확하다. 하지만 뒤의 세 가지는 상당한 시간이 흐른 뒤에나 판단할 수 있는 문제다.

지난 2016년, 영국은 국민투표를 거쳐 EU를 떠나기로 결정했다(51.8%의 찬성). 캐머런 전 총리의 정치적 계산으로 시작된 국민투표였기에 다들 민신반의했다. 하지만 민주주의의 발상지답게 '국민의 결정'을 따르기로 했다. 모든 것이 순조롭게 진행되었다면 2019년 3월 29일에 예정대로 EU를 떠났어야 했다. 하지만 영국 하원에서 진행된 메이 총리의 브렉시트 합의안이 사상 최대의 표차로 부결되었다. 브렉시트는 4월 12일, 다시 6월 30일로 연기되었고, 이마저도 부족해 EU는 아예 1년의 유예기간을 주는 계획까지 제시했다.

도대체 이게 뭔가? EU를 떠나 경제 주권을 되찾고, 더는 난민을 받아들이지 않아도 될 줄 알았다. 하지만 그동안 목도한 것은 금융업과 제조업의 쇠퇴(영국 주재 기업의 해외 이동), 500억 달러에 달하는 탈퇴비용, 영국 파운드화의 불안정이다. 더 기가 찬 건 지브롤터와 북아일랜드 문제가 다시 터져 나왔다는 점이다. EU라는 하나의 이름으로 살아갈 때는 문제가 없었는데, 따로 살림을 차리려니 국경문제가 불거졌다. 북아일랜드 문제는 영국의 오랜 상처다. 영국 하원에서 EU 탈퇴안이 부결을 거듭한 이유도 이 문제를 다루는 이른바 '백스톱(2020년까지 별도의 국경을 설치하지 않고 현재의 상태를 유지하는 것)' 조항 때문이다.

"우리는 몰랐다."

심지어 브렉시트를 열렬히 지지했던 사람들 사이에서도 이런 말이 터져 나왔다. 문제는 이런 의견들을 제대로 담아내지 못한 영국 의회, 더 크게는 정치권이다. 그래서 이 문제를 다시 국민투표에 맡기자는 목소리도 높았다. 영국 하원의 의향투표는 어느 하나 해결책을 제시하지 못했기 때문이다. 국민투표를 다시 하자는 청원이 이미

400만 건을 넘은 지 오래다. 그럴 수도 있다. 이런 분위기라면 국민투표로 브렉시트를 철회할 수 있을지 모른다. EU도 내심 그렇게 되기를 바라면서 "영국이 브렉시트를 바꾸더라도 EU의 규정에 어긋나지 않는다."고 생각을 밝히지 않았는가? 하지만 한 번 내린 결정을 다시 국민투표로 번복하는 건 '민주주의의 근본에 어긋나는 대중영합주의'라는 비판도 만만치 않다. 국민투표로 내린 결정을 번복하는 전례를 남기게 되기 때문이다. 아, 정말 어렵다.

100년 뒤 영국의 최근세사를 기술하는 역사가는 2016년부터 시작된 영국의 변화를 다음과 같이 기술할지 모른다.

'엄청난 정치·사회적 혼란을 겪은 뒤, 영국은 2019년 10월 마침내 내부적으로 EU를 탈퇴하기 위한 협정 법안을 통과시켰다. 그리고 2020년 1월 29일 유럽의회가 영국의 EU 탈퇴협정을 비준함으로써, 영국은 2020년 1월 31일을 기해 최종적으로 EU와 결별하게 되었다. 하지만 영국은 브렉시트로 인해 그 이전까지 누려오던 경제적 특혜의 상당 부분을 상실하게 되었다. EU와의 후속 협상으로 세계 경제와의 상호의존성은 어느 정도 유지되었지만, 금융 중심지라는 명칭은 독일의 프랑크푸르트로 넘어가게 되었다. 하지만 더 중요한 것은 3년 간에 걸친 브렉시트에 따른 사회 정치적 혼란으로 정치제도에 대한 자부심을 느끼기 어렵게 되었다는 점이다.' EU를 떠나는 과정에서 영국 경제가 큰 혼란과 손실을 경험했지만, 그리고 그 뒤의 손실도 석지 않지만, '민주주의의 종주국'이라는 영국의 자부심에 남

긴 상처에는 비할 바 아니다. 결국 보이는 것이 전부가 아니다.'

영국은 유럽을 떠날 것인가?

영국이 드디어 유럽을 떠난다. 1973년에 EU의 전신인 EEC (European Economic Community: 유럽경제공동체)에 가입했으니, 47년 만에 다시 EU를 떠나게 된 셈이다. 그리고 영국은 EU를 탈퇴하는 첫 회원국으로 기록된다.

한 가지 묻고 싶다. 영국은 유럽인가? 아니 유럽이었는가? 누군가는 이런 질문을 어리석다고 치부할 것이다. 당연히 영국은 유럽의 일원이기 때문이다.

"노! 노! 노!"

1990년 10월 30일. 한때 영국을 넘어 세계를 주름잡았던 마거릿 대처 총리는 EU 집행위원장이던 쟈크 들로르의 초국가적 유럽연합 제안에 대해 이같이 노골적으로 거부 반응을 보였다. 물론 그 뒤, 영국이 EU의 이런 방향에 동참하지 않은 것은 아니지만, 그로부터 30년 뒤 결국 EU로부터 떠났다. 그러니 다시 묻는다. 영국은 정말 유럽

---

* 메이 수상 시절에 만든 합의안을 두고 10번 넘게 투표했지만, 결국 의회에서 합의하지 못한 부분은 아픈 손가락으로 남을 수밖에 없다.

이었는가?

EU로서는 차라리 속 시원할 수도 있다. 셰익스피어의 말을 빌릴 것도 없이 '한 발은 바다에, 한 발은 육지에' 두고 묘한 줄타기를 해 온 영국이 이제 그 본색을 드러내었기 때문이다. 영국은 해양국가인가, 대륙국가인가? EU가 영국을 애초부터 대륙의 일부로 생각해 왔다면, 영국의 탈퇴는 EU로서는 유럽 와해의 시작이다. 이와는 달리 해양국가로 인식해 왔다면, 영국의 탈퇴는 EU로서는 불순물을 떨쳐 버리고 다시 시작하는 셈이다. 어떤 결론이 나건 EU는 영국 없는 유럽을 모색하지 않을 수 없다.

그러니 문제는 유럽이 아니라 영국이다. 이제 EU를 떠난 지금, 미국, 중국, 독일과 프랑스, 일본이 활개치는 세계 정치 경제 구조에서 과거와 같은 영향력을 발휘할 수 있을까? 미국과의 관계는 걱정하지 않아도 될지 모른다. 미국의 푸들(토니 블레어는 이라크 파병과 관련, 미국의 푸들이라는 말을 들었다)이라는 비아냥을 들을 정도로 미국과는 잘 지냈기 때문이다. 독일과 프랑스와의 관계는 아마도 EU와 2020년 12월까지 어떤 협정을 맺는지에 달려있을 것이다. 도버 해협을 사이에 두고 으르렁거리던 관계가 하루아침에 나아질까? 일본도 그다지 걱정하지 않아도 될 것이다. 일본은 '아리가또'를 외치며 기꺼이 관계를 재설정할 것이기 때문이다.

영국이 EU를 떠나기로 한 날, "당신들은 EU를 떠나지만 언제나 유럽 일부일 것이다." "지금은 EU 재가입 운동을 벌일 때가 아니지만, 우리는 그 꿈을 지켜갈 것이다."라는 복잡한 말들도 나왔다.

누가 아는가? 머지않은 장래에 영국의 EU 재가입 운동이 시작될지. 아 그러면 머리 아프다. '영국은 유럽인가 아닌가?'라는 질문을 다시 꺼내야 하기 때문이다.

6. 불평등, 더 이상 참을 수 없다

COLUMN_ **노란 조끼 운동** (2019. 4. 26)

"우리가 노트르담 성당이다."

2019년 4월 15일, 프랑스의 상징 중 하나인 노트르담 성당이 불탔다. 종탑을 비롯한 성당의 본체는 가까스로 지켰지만, 첨탑과 목조 지붕은 사라졌다. 불길에 싸인 노트르담 성당의 모습에 말할 수 없는 비애가 번졌지만, 그 뒤 성당을 재건하려는 움직임은 그 이상으로 활발했다. 루이뷔통의 2억 유로 기부 등 대기업을 중심으로 순식간에 10억 유로의 기부금이 모였다. 해피엔딩? 그렇지 않다. 4월 20일, 같은 하늘 아래 노란 조끼를 입은 시위대의 23번째 시위가 이들 대기업의 기부금과 정부의 무능을 정조준하고 있었다.

"도대체 작년 11월부터 6개월 동안 우리의 생명을 건 요구에 정부와 기업은 어떻게 대응했는가? 우리가 불에 타서 죽고 있다. 그러니 우리가 노트르담 성당이다."

25만 명의 사람들과 80% 이상의 지지. 노란 조끼 시위가 절정에 달했을 무렵, 그 시위에 참석한 사람들의 숫자와 시위를 지지하던 프랑스 사람들의 비율이다. 이 정도면 역사에 기록될 만한 사건이다. 무엇이 이들을 움직이게 했는가? 유류세 인상은 하나의 단초에 불과하다. 조직되지 않았고, 리더도 없으며, 일관된 구호도 없는 이들의 주장은 이렇게 이해할 수 있다.

"우리는 '구조적으로' 불행하다."

프랑스의 세금은 GDP의 46.2%에 달한다. OECD 국가 중 제일 높다. 하지만 파리 외곽과 지방에 거주하는 프랑스 시민들은 지난 10여 년간 복지와 공공서비스에서 철저히 소외되어왔다. 더구나 실업 상태이거나 빈곤층에 속하기 때문에 삶에 대한 만족도가 매우 낮다. 우울증이나 삶에 대한 회의 때문이 아니라 프랑스라는 나라가 만든 그 '구조' 때문에 불행할 수밖에 없다는 것이다. 시위에 참여한 사람들의 다양한 요구에 담긴 공통된 메시지는 이 구조를 해결하라는 것이다.

착각하지 말자. '프랑스 하층민의 기득권층에 대한 반발'이라는 모호한 말로 이 운동의 본질을 흐려서는 안 된다. 중산층 시민 대다수도 이 구호에 심정적으로 공감하고 있다. 그렇지 않고서는 80%라는 지지율이 나올 수 없다. 또 이것이 단지 프랑스에 국한된 일이라고 착각하지 말자. 삶의 불행과 생활의 불편을 국가와 사회가 나서서 구조적으로 해결하라는 요구는 이 시대의 흐름이다. 영국을 혼돈으로 몰아넣은 브렉시트도 이와 무관하지 않고, 미국의 밀레니얼 사회주의 흐름도 이와 정확히 같은 맥락 위에 있다.

버니 샌더스Bernie Sanders와 알렉산드리아 오카시오 코르테즈Alexandria Ocasio-Cortez. 한 사람은 지난 대선에서 민주당의 예비후보로 미국의 진보적 흐름을 대변한 사람이고, 다른 한 사람은 2019년 선거에서 민주당의 조 크롤리 하원 원내 의장을 예비선거에서 이기고 출마하여 하원의원에 당선된 30세 여성이다. 이들로 대변되는 밀레니얼 사회주의 구호는 단순하다.

"국가의 부富를 재분배하라. 정치 권력, 자유, 자기 가치와 번영도 함께 재분배하라."

코르테즈는 말한다.

"예수도 난민이다."

세상을 살아가는 모든 사람은 누구나 죽음에 이르는 난민이니, 그 과정에서 우리가 얻은 모든 것을 나누지 않아야 할 이유가 있겠는가?

노란조끼 운동이 말하려는 바는 "우리는 '구조적으로' 행복해지고 싶다."라는 것이다. 노트르담 성당은 언젠가 복원될 것이다. 그러나 하드웨어적인 성당만 복원되고, 행복해지고 싶다는 일반 시민들의 소원이 충족되지 않는다면 그 복원은 결코 제대로 된 복원이라 할 수 없다.

점점 더 심각해지는 부의 불평등

　노란 조끼 운동, 브렉시트, 밀레니얼 사회주의 운동의 밑바닥에는 '부의 불평등'이 깔려 있다. 이들은 "우리는 불행하다."라고 외치는 것이 아니라, "우리는 '구조적으로' 불행하다."라고 주장한다. 구조적이라니, 무슨 말일까? 조금 거창하게 말하자면 자본주의의 자체 동력만으로는 심화하는 부의 양극화를 막을 수 없다는 것이다.

　이 부의 양극화는 미래의 사회에 닥쳐올 새로운 현상일까?* 그렇지 않다. 크레딧 스위스Credit Suisse에서 2019년에 발표한 '글로벌 부 보고서'는 이미 이런 현상이 시작되었음을 보여준다. 〈표 2〉가 보여주는 바와 같이, 상위 0.9%가 전 세계 부의 43.9%를 차지하고 있다. 여기에 해당하는 사람은 4,700만 명으로, 이들은 미화 백만 달러 이상의 자산**을 소유하고 있다. 이들이 가진 재산을 모두 합치면 158.3조 달러에 달한다. 1%도 안 되는 인구가 전 세계 부의 44% 가까이 차지하고 있다는 것이다.

　나라 별로는 어떻게 다를까? 100만 달러 이상을 가진 사람의 비율은 미국인이 40%(1,861만 4천 명)로 가장 높았고, 다음을 중국(전체의 10%, 444만 7천 명), 일본(전체의 6%, 302만 5천 명)이 차지했다.

---

* 부의 양극화에 대한 논의는 졸저, 『제4차 산업혁명』, 제4부의 논의를 인용한 것이다.

** 부동산과 금융자산 등 모두를 포함한다.

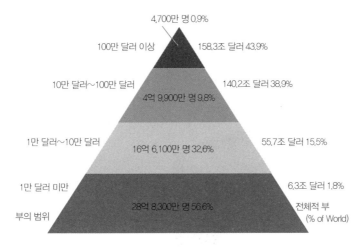

〈표 2〉 글로벌 부의 피라미드 2019

4,700만 명 0.9%

100만 달러 이상   158.3조 달러 43.9%

10만 달러~100만 달러   140.2조 달러 38.9%
4억 9,900만 명 9.8%

1만 달러~10만 달러   55.7조 달러 15.5%
16억 6,100만 명 32.6%

1만 달러 미만   6.3조 달러 1.8%
28억 8,300만 명 56.6%

부의 범위   전체적 부
(% of World)

크레딧스위스(2019), p.9의 Figure 5에서 인용

한국은 74만 1천 명으로 전체의 약 2%를 차지했다. (〈표 3〉 참조)

100만 달러라는 기준이 너무 높다고 생각할 수 있다. 기준을 완화하여 50만~100만 달러의 자산을 가진 사람들을 포함하면 어떤 결과가 나올까? 〈표 4〉는 상위 20개국에서 50만 달러 이상의 자산을 가진 사람들을 그래프로 나타낸 것이다. 이 표에서 보는 바와 같이 미국은 이에 해당하는 사람들의 수가 80,510명으로 전체의 48%를 차지했다. 〈표 3〉의 결과와 마찬가지로 중국이 두 번째로 많은 18,130명이었고, 세 번째는 독일(6,800명)이었다. 순위보다 중요한

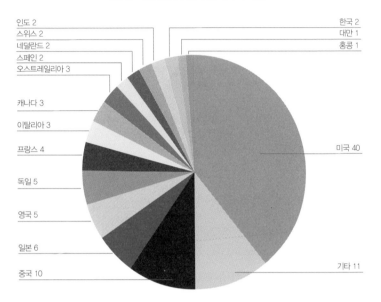

<표 3> 자산 100만 달러 초과자의 비중

인도 2
스위스 2
네덜란드 2
스페인 2
오스트레일리아 3

캐나다 3

이탈리아 3

프랑스 4

독일 5

영국 5

일본 6

중국 10

한국 2
대만 1
홍콩 1

미국 40

기타 11

크레딧스위스(2019), p.11의 Figure 7에서 인용

것은, 기준을 100만 달러로 정하건 50만 달러로 정하건, 지역적으로 미국이 압도적인 비중을 차지하고 있다는 점이다.

"나는 약 170억 달러의 자산을 가진 사람이다. 내가 받아들였던 자본주의 시스템이 이제는 불평등을 심화시키고 있다. (우리는) 진화하든지 멸망하든지 갈림길에 서 있다. 자본주의가 멸망이 아닌 진화를 택하려면 가장 부유한 사람들로부터 더 많은 세금을 거두어야 한

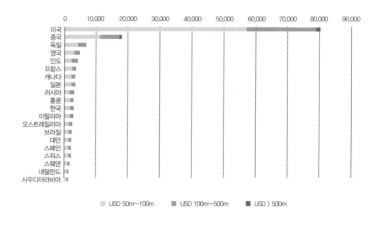

〈표 4〉 상위 20개국 기준 초고소득자의 수

크레딧스위스(2019), p.12의 Figure 9에서 인용

다."(내일신문, 2019년 4월 23일).

누구의 말일까? 세계 최대 헤지펀드인 브리지워터 어소시에이츠Bridgewater Associates의 창업자 레이 달리오의 말이다.

당선 가능성과 상관없이 2020년 미국 대선에 출마한 후보들 대부분이 이런 주장에 동의하고 있다. 민주당의 엘리자베스 상원 의원은 거대 기업들을 분할하고 5,000만 달러 이상의 자산을 가진 개인에게 부유세를 매겨야 한다고 주장한다. 앞서 언급한 버니 샌더스와 알렉산드리아 오카시오 코르테즈의 주장은 간단하다.

"한 나라의 부富를 재분배하라. 그리고 정치 권력, 자유, 자기 가치와 번영도 함께 재분배하라."

불평등, 더는 참을 수 없다.

3부

굿바이
자유무역

1. 흔들리는 WTO, 무너지는 자유무역

WTO 2.0, 한국이 나설 때다

우루과이 라운드Uruguay Round. 마라케시. 1995년. 이 세 단어의 공통점은 무엇일까? 그렇다. 세계무역기구WTO: World Trade Organization다. 쌀 시장개방 문제 때문에 우리에게 유명해진 우루과이 라운드는 1986년에 개최되었고, 1994년에 모로코 마라케시에서 열린 각료회의에서 마무리되었다. 그 결과 1995년에 세계무역을 총괄하는 세계무역기구가 '드디어' 탄생한 것이다. 그로부터 25년. 강산이 두 번이나 바뀔 만큼 시간이 흘렀고, 중국마저도 2001년에 WTO에 가입했으니, WTO가 탄탄한 국제기구로 기능해야 마땅하다. 하지만 이제 WTO가 죽었다는 말까지 나온다. 무슨 일이 생긴 걸까?

하나의 국제기구로서 WTO의 가장 큰 문제점은 모든 나라가 합의하지 않으면, 즉 한 나라라도 동의하시 않으면 결정이 이루어지지 않는다는 점이다. 그러니 WTO의 탄생에 큰 역할을 한 나라들이 트집을 잡을 경우, 모든 논의가 겉돌게 된다. 대표적인 것이 미국의 WTO 상소 기구 위원 선임 거부다. 2016년부터 시작된 이 거부로 WTO의 분쟁 해결절차가 마비 상태에 빠졌다. 미국의 이 같은 불만은 미국이 제소당한 66건의 무역분쟁에서(2017년 3월 기준) 6건밖에 승소하지 못했다는 사실을 배경으로 한다.

이외에도 WTO와 관련된 미국의 불만은 다양하지만 그 주장은 의외로 단순하다. 개도국들이 WTO를 이용해 수출은 마음대로 늘리면서, WTO에 통보도 하지 않은 채 마음대로 수입을 규제하고 있다는 것이다. 이런 불평은 신흥 개도국들, 그중에서도 중국에 집중되고 있다. 특히 중국의 국영 무역기업과 각종 보조금 투입 문제 그리고 불충분한 지적 재산권 보호에 대해 불만이 고조되고 있다. 그래서 미국은 말한다. G2에 포함되는 중국을 왜 개도국으로 간주해야 하느냐고 말이다.

고래 싸움에 새우 등 터진다고, WTO가 이렇게 비틀거리니 출범 이후 안정되어가던 자유무역 위주의 국제무역질서가 흔들리고 있다. WTO가 2001년에 야심 차게 시작한 도하 라운드는 끝내 실패했고, 그 와중에 지난 20여 년간 각종 양자 간 자유무역협정FTA이 증가해 왔는데, 최근에는 이런 경향이 더 심해지고 있다. 포괄적 점진적 환태평양 경제동반자 협정CPTPP, 역내 포괄적 경제동반자 협정RCEP, NAFTA를 대신하는 USMCA가 대표적이다.

탈출구는 없을까? 그렇지 않다. WTO를 새롭게 바꾸면 된다. 개도국을 다시 분류하고, 무역 규제조치의 WTO 통보 의무를 엄격히 규정하고, 분쟁 해결 절차를 개선하고, 무엇보다 모든 나라가 합의해야 결정이 이루어지는 WTO 의사결정 방식을 변경하면 된다. 아, 하나가 빠졌다. 새롭게 떠오르는 디지털 무역과 전자상거래, 국제간 데이터 이동, 개인 정보 보호에 대한 새로운 국제규약을 만들어야 한다. 그래서 과거의 잘못을 빠르게 고치고 미래의 문제를 미리 대비하면 된다. 나는 이것을 WTO 2.0이라고 부르고 싶다.

행인지 불행인지, WTO에 대한 개선 논의는 G20, 특히 캐나다와 주요 선진국을 대상으로 꾸준히 거론되고 있다. 하지만 어떤 논의의 장을 봐도 세계 6위의 수출국인 한국의 역할과 제언은 보이지 않는다. 오래전부터 WTO 2.0을 주창해온 필자로서는 한국의 이 같은 소극적이고 수동적인 태도를 이해하기 어렵다. 지금의 국제적 위상이라면 한국이 WTO 2.0의 시안을 준비해서 주도적으로 움직여도 되지 않을까? 통상교섭본부가 눈앞의 현안 때문에 바쁘다면, 차관급 통상 전문가가 넘치는 외교부에서라도 이 문제에 나서야 하지 않을까?

WTO가 흔들린다

세계무역기구 WTO. 이 이름을 한 번도 들어보지 않은 사람은 없을 것이다. 그렇다면 무엇을 하는 기구인가? 말 그대로 세계무역의 흐름을 관할하는 국제기구다. 몇 개 국가가 가입되어 있을까? 2019년 8월 기준으로 164개국이 가입되어 있다. 미국, 중국, EU, 일본 등 세계무역의 흐름을 결정하는 대부분의 나라가 가입되어 있다. 그러니 말 그대로 세계적이다.

무역 흐름을 관할한다? 무슨 말일까? WTO는 협상(다자간 무역협상이라고 한다)을 통해 가입국들의 무역이 자유무역을 기반으로 이루어지게 유도한다. 쉽게 말해 각 나라의 수입 관세를 낮추고, 불필요한 무역장벽(비관세장벽이라고 한다)을 없애고, 국가 간 무역이 더 쉽게 이루어지도록 유도한다. 다툼은 없을까? 나라 사이의 일에 다툼이 없을 수 없다. 다툼이 생기면 분쟁 해결절차라는 시스템을 통해 해결하게 되어 있다.

WTO는 앞서 말한 바와 같이 1995년에 만들어졌다. 그러면 그 이전에는 세계무역 흐름을 관할하는 국제기구가 없었을까? 그렇지 않다. 1948년부터 GATTGeneral Agreement On Tarrifs and Trade가 준準 국제기구 형태로 세계무역의 흐름을 이끌어왔다. 하지만 GATT는 기본적으로 협정의 형태였기 때문에, 우루과이 라운드를 통해 1995년에 정식으로 WTO라는 국제기구를 만든 것이다.

모든 나라의 합의로 출발한 만큼 WTO의 앞날은 순탄할 줄 알았다. 하지만 WTO가 2001년에 처음으로 주관한 도하 라운드(카타르의 수도 도하에서 시작되었기에 도하 라운드라고 한다)는 끝내 실패로 돌아갔다. 실패의 가장 중요한 이유는 의욕적인 의제에 비해 국가 간의 의견차가 너무 컸기 때문이었다. 그 이전인 GATT 시절과 비교하여 본격적인 국제기구인 WTO가 출범하면서 국가 간 이견이 더 확대되었다. 이는 GATT와 WTO의 성격에 기인하기보다 GATT와 WTO가 기능을 발휘하던 시기(각각 1970년대와 1990년대)의 국제무역 성격과 각국의 무역정책 기조가 바뀌었기 때문이다.

최근 들어 무역정책 기조 변화가 가장 두드러지게 드러난 사례가 바로 미국이다. WTO의 탄생에 가장 중요한 역할을 한 미국이, 최근 들어 WTO의 기능에 가장 회의적인 눈길을 보내고 있다. 미국의 주장은 단순하다. 개도국에 지나치게 많은 특혜를 주면서, 미국에는 상대적으로 불리한 기준을 유지하고 있는 WTO 체제, 즉 자유무역주의적 국제무역질서를 굳이 유지할 이유가 없다는 것이다. 미국의 이 같은 변화는, 이 책 여러 부분에서 소개하고 있지만, 중국의 부상과 밀접하게 관련되어 있다.

2001년, 드디어 중국이 WTO에 가입하였다. 당시 사회주의 국가인 중국의 WTO 가입에 반대 의견이 없지 않았으나, 세계무역을 확대해야 한다는 당위와 WTO의 규칙을 준수하겠다는 중국의 약속이 맞물리면서 가입이 승인되었다. 하지만 중국 국영 무역기업의 관행, 각종 보조금, 불충분한 지적 재산권 보호 등 중국은 사회주의적 시장경제 관행을 대폭적으로 변경하거나 수정하지 않았다. 그런 이유로 미국은 아직 중국을 시상경제국가로 인정하지 않고 있다. 쉽게 말하자. 미국은 중국이 WTO에 가입할 때 한 약속을 제대로 지키지 않고 있으며, G2의 위상을 가졌으면서도 엉뚱하게 개도국 대우를 받고 있다고 불평한다. 특히, 최근 들어 제4차 산업혁명의 물결이 세계를 휩쓰는 와중에 중국이 관련 기술을 도둑질하고 있다고 주장한다.

이런 사실을 배경으로 미국은 WTO에 점점 무관심해졌고, 그로 인해 자연히 WTO를 중심으로 한 자유무역주의 국제무역질서가 약화되었다. 이런 일들과 앞서거니 뒤서거니 하면서 FTA가 나타나게 되었다. WTO가 세계 모든 나라가 한꺼번에 모여 무역의 자유화를 이루어 나가는 방식이라면, FTA는 두 나라 혹은 소수의 나라가 모여 무역의 자유화를 이루어 나가는 방식이다. WTO에서 이런 방식의 무역 자유화를 인정하지 않는 것은 아니지만, 문제는 FTA가 확산하면서 WTO 본래의 기능인 다자간 무역협정에 근거한 다자간 무역 자유화가 자꾸 주춤거리게 된다는 점이다. 앞서 예로 든 CPTPP, RCEP, USMCA는 FTA가 현재 어디까지 진행되었는지를 보여주는 대표적인 사례다.

한 가지만 더 언급하기로 하자. 한국으로서는 WTO를 중심으로 한 다자간 무역체제가 좋을까, 아니면 FTA와 같은 양자간 무역체제가 좋을까? 너무도 당연히 전자, 즉 다자간 무역체제가 좋다. 1960년 이후 한국의 경제성장은 GATT를 중심으로 한 자유무역체제를 바탕으로 이루어졌으며, 한국과 같은 중규모 개방경제 국가의 경우 미국, 중국, 일본, EU와 같은 나라와 직접 협상을 하기보다 WTO라는 울타리 안에서 다른 나라들과 함께 거대 경제권 나라와 협상하는 방식이 아무래도 유리하기 때문이다.

앞에서도 언급했지만, 현재 한국의 무역 규모나 경제 규모로 볼 때 WTO의 개혁 혹은 재건을 위해 적극적으로 나서는 것이 바람직해 보인다. 명분도 실리도 다 가질 수 있기 때문이다. 문제는 '우리가 WTO의 개혁을 위해 정말 실질적인 제안을 할 수 있을까?' 하는 자격지심, 혹은 '우리가 과연 WTO 개혁을 이루어낼 수 있을까?' 하는 자신감 부족이다.

대한민국, 힘을 내라!

2. FTA는 대안이 될 수 있는가

COLUMN_ 포괄적 점진적 환태평양 경제동반자 협정

"어느 시점에는 가입해야 한다."

"한일관계 개선을 위해서는 이 카드가 유용할 수 있다."

무슨 말인가? 포괄적 점진적 환태평양 경제동반자 협정, 즉 CPTPP Comprehensive and Progressive Agreement for Trans-Pacific Partnership 가입을 두고 하는 말이다. 기획재정부와 외교부는 이렇게 다소 긍정적인 태도를 보인다. 다른 의견도 있다.

"일본과의 무역 적자가 커질 수 있다."

"농수산물을 추가 개방하면 국내 농수산업은 초토화된다."

각각 산업통상자원부와 농수산부의 입장이다. 부처에 따라, 소관 산업에 따라 생각이 다를 수밖에 없다.

하지만 지금 왜 CPTPP인가? 이 협정은 태평양 지역 11개 국가의 무역 자유화에 관한 것이다. 2017년 1월에 미국이 탈퇴하면서 중요성이 다소 감소했지만, 여전히 세계무역의 15%, 세계 GDP의 13.5%를 차지하는 중요한 무역권이다. 한국의 무역에서 차지하는 비중 역시 24.6%로 결코 작지 않다. 2018년 말 기준, 11개국 중 7개국이 비준을 완료하면서 CPTPP가 이미 발효되었으니, 한국이 관심을 가지지 않는 것이 오히려 이상하다.

이미 15개 지역 혹은 국가와 FTA를 체결하고 있는데 "새삼스럽게 무슨 고민을 하느냐?"는 반론이 나올 수 있다. 외형적으로는 틀린 말이 아니다. 개방과 보호라는 화두가 등장할 때마다 한국은 개방의 편에 섰고, 지난 경제사는 그것이 올바른 선택이었다는 사실을 보여주었다. 스크린 쿼터 축소와 영화시장 개방, 한미 FTA, 심지어 쌀시장 개방에 이르기까지, 무역의존도가 높은 한국은 개방과 경쟁으로 세계 6위의 무역 대국으로 올라섰다. 하지만 CPTPP에 관한 한, FTA를 향한 걸음을 잠시 멈출 필요가 있다. 이 협정에 가입한 11개국 중 일본과 멕시코를 뺀 나머지 국가와는 이미 FTA를 체결했다. 그러니 CPTPP 가입은 일본과 멕시코, 그중에서도 일본과 FTA를 체결하는 일이나 마찬가지다.

한번 따져보자. 일본과의 FTA는 10년 넘게 논의단계 이상으로 진전하지 못했다. 일본의 비관세장벽, 폐쇄적인 농산물 시장 그리고 '구조적인' 무역적자에 대한 우려가 한몫했다. 300억 달러에 달하는 대일 무역적자는 지금도 심각한 수준이나. CPTPP에 가입할 경우, 이 무역적자가 더 늘어날 수 있다. 세계 각지에서 벌어다가 일본에 가져다주는 형국이다. 양자간 무역관계에서만 본다면 필자는 여전히 일본과의 FTA에 머뭇거려진다. 10년 전 논의한 대로 한·중·일 FTA로 접근하든지, 북한이라는 새로운 시장이 열리기를 기다리는 편이 낫지 않을까? 그 사이에 우리의 산업구조를 획기적으로 개선해서 무역적자의 주범인 소재부품 산업을 일본에 의존하지 않는다면 금상첨화다.

하지만 그건 야무진 꿈에 불과할 수 있으니 차선책을 찾아야 한다. 따라서 지금은 기다리면서 '가입 여부를 정하지 않기로 결정'하는 것이 최선이다. CPTPP에 가입하기 위해서는 11개국과 개별 협상을 해야 하니, 지금은 이들이 무엇을 요구하는지 들어두는 것이다. 그런 다음, 지금 브렉시트로 다급한 영국, 더 바람직하기로는 미국(그럴 가능성이 있다면)과 동시에 CPTPP 문을 두드려야 한다. 혼자서 입장하기보다 덩치 큰 이웃과 함께 입장하는 편이 입장료를 적게 내는 데 유리하다.

복잡하게 생각하지 말고 그냥 9개국과의 FTA에 만족하면 안 되느냐고? 그것도 하나의 방법일 수 있지만 장기적으로 보면 가입을 우선에 두어야 한다. CPTPP가 WTO를 대신할 새로운 국제무역 규범으로 논의의 장에 등장할 때(그럴 가능성이 미약하지만 있다) 한국이 해야 할 일이 있기 때문이다.

CPTPP 그리고 일본

산에 구름이 가득하면 어떤 일이 벌어질까? 안개 속에 갇힌 형국이라 어디로 가야 할지 결정하기 어렵다. 그러니 움직임도 자연히 위축된다. 주역에서는 이를 '수산건水山蹇'이라고 말하는데, CPTPP 가입을 검토하는 우리의 처지를 정말 잘 표현하고 있는 듯하다.

"한국이 CPTPP 신규 가입을 요청하면 이를 거부하는 방안을 검토하겠다."

일본 정부는 산케이신문을 통해 한국에 대한 반감을 드러냈다. 지금도 국제무역 환경이 매우 어지러운데, 일본은 무엇을 하고 싶은 걸까? 미·중 무역분쟁은 여전히 줄다리기를 하는 중이고, 브렉시트와 관련해서 EU와 영국은 앞날을 점치기 어렵고, 중심을 잡아야 할 WTO에 대한 기대는 이미 접지 않았는가? 그래서 CPTPP를 통해서나마 새로운 무역질서의 가능성을 엿보려는데, 일본의 몽니(?)는 전혀 예상치 못한 것이다.

좋다. 한번 따져보자. 만약 한국이 CPTPP 가입을 신청한다면 어떻게 될까? 가입에는 회원국 전체의 찬성이 필요하니 일본이 거부하면 이론적으로 CPTPP에 가입할 수 없다. 현실은 어떨까? TPP 시절, 일본과 미국이 한국의 TPP 가입을 원했다는 건 이미 알려진 사실이다. 1조 달러가 넘는 무역 규모를 고려할 때, 한국은 충분히 매력적이다. 그런 이유로 캐나다와 뉴질랜드가 한국의 가입을 내심 원하고 있음을 충분히 짐작할 수 있다. 이뿐 이니다. 미국이 빠진 뒤의 어쩔 수 없는 공백을 한국이 일정 부분 메워줄 수 있다. 가입 의사를 밝힌 태국, 인도네시아와 최소한 버금가는 매력을 보유하고 있다.

그렇다고는 해도 가입을 신청하면 그대로 통과될까? 지금이라면 알 수 없다. 주역의 수산건에서처럼 '산 위에 구름이 가득하기' 때문이다. 아니 '지금' 가입을 신청하는 것이 최선인지조차 알 수 없다. 불분명한 가입 조건, 제조업과 농업의 피해 규모, 일본과의 지속적인 무역적자, 어지러운 국제 무역환경 등 불확실한 부분이 한둘이 아니다.

주역에서는 '모든 것이 변한다'고 말한다. 산 위의 구름도 언젠가는 사라질 수밖에 없다. 어떻게 변할까? 수산건을 이루는 마지막 여섯 번째 효爻는 음陰인데 이것이 양陽으로 바뀌어 다음 괘의 밑으로 가면 불과 우레가 연이어 있는 '서합噬嗑' 괘로 바뀐다. 이 괘는 난관 돌파, 새로운 발견을 의미한다. 주역의 이 같은 지혜를 조금 빌린다면, 지금 우리에게 필요한 건 하나의 음효를 양효로 바꾸는 정중동靜中動의 자세다.

무슨 말인가? 일단 섣불리 움직이지 말아야 한다. 일본의 몽니에 흥분하지 말고 주변 상황이 어떻게 변하는지 차분히 지켜보아야 한다. 한·영 FTA는 이미 타결되었으니, 영국이 EU에서 탈퇴한 뒤 CPTPP를 필요로 하는지 가만히 지켜볼 필요가 있다. 미·중 무역분쟁도 차분하게 지켜보아야 한다. 미국과 중국 간 1차 합의가 일단 이루어졌으니, 미국이 다시 CPTPP를 필요로 할 수도 있고 그렇지 않을 수도 있다.

이런 태도는 스스로 침착함을 추구해나가는 일종의 정靜의 태도다. 당연히 동動도 필요하다. 역내 포괄적 경제동반자 협정RCEP: Regional Comprehensive Economic Partnership이 조금 더 포괄적인 방향으로 바뀔 가능성, 이와 함께 지지부진하긴 하지만 한·중·일 FTA의 가능성도 검토해야 한다. 일본과의 FTA가 부담스럽다면 멕시코와의 FTA부터 조기에 추진하고 기존 CPTPP 회원국과의 FTA를 업그레이드하는 가능성도 검토해야 한다. 아니 추진해야 한다.

산 위의 구름은 언젠가 사라진다. 그러니 조용히 움직여야 한다.

CPTPP 이야기

CPTPP. 포괄적 점진적 환태평양 경제동반자 협정. 이 무슨 복잡한 말인가? 간단하게 이해하자. 이 협정은 원래 TPPTrans-Pacific Partnership에서 시작되었다. TPP는 환태평양 경제동반자 협정을 가리키는 말이다. 캐나다, 일본, 호주, 페루, 멕시코 등 태평양을 둘러싼 11개 나라에 미국까지 포함하여 태평양 지역 자유무역을 위한 협정을 만드는 것이 목표였다. 하지만 2017년에 미국이 탈퇴하면서 11개국이 TPP 앞에 CPComprehensive and Progressive, 즉 '포괄적이고 점진적인'이라는 말을 붙여 다시 협상을 진행했다.

미국이 빠진 영향은 컸다. 미국까지 포함한 TPP는 전 세계 GDP 의 38%를 차지하고 있었으나, 미국이 빠진 뒤 13.5%로 축소되었다 (2017년 기준). 하지만 미국을 제외하고도 작은 규모가 아니다. 전 세계 교역의 15%를 차지하고 있으며, 역내 인구도 5억 명에 이른다. 이 CPTPP는 일본의 주도로 협상이 진행되어 2018년 3월 정식으로 타결되었고, 11개국 중 7개국이 비준을 완료함으로써 2018년 말에 정식으로 발효되기에 이르렀다.

한국은 왜 CPTPP에 관심을 가질 수밖에 없을까? 너무도 쉬운 이 야기다. 무역으로 먹고 사는 나라가 더 많이 수출할 기회를 활용하 지 않을 이유를 발견할 수 없기 때문이다.

무엇이 문제일까? 두 가지 문제가 있다.

첫 번째 문제는 CPTPP의 협상 초기부터 참여하지 않았기 때문에 뒤늦게 가입하기 위해서는 입장료를 내야 한다는 점이다. 이 입장 료는 이미 CPTPP에 참여한 국가와의 개별 협상을 통해 결정되는데, 이게 만만치가 않다.

두 번째 문제는 CPTPP에 참여한 나라 중 일본과 멕시코를 제외하 고는 이미 양자 간 FTA를 체결했기 때문에, 굳이 중복되는 협정에 참여할 필요가 있느냐는 것이다. 다시 말해, 한국이 CPTPP에 가입하 는 건 경제적 측면에서 일본과 FTA를 체결하는 효과를 가지는데, 현 재 상태에서 이게 정말 필요한지 판단하기 어렵다는 것이다.

일본과의 줄다리기

일본이 한국의 가입을 환영한다면 CPTPP에 참여하는 일이 그다지 큰 논쟁거리가 되지 않을 수 있다. 문제는 분위기가 그렇지 않다는 점이다. 일본의 산케이신문에서 노골적인 반감을 드러내고 있고, 일본이 한국에 대한 수출규제를 시행한 이후 '과연 일본과 FTA를 체결할 필요가 있는가?' 혹은 'FTA를 체결하는 일이 가능한가?'라는 근본적인 질문도 나오고 있다.

주역의 수산건 괘가 이 같은 한국의 처지를 잘 보여주고 있다. 이 괘는 산 위에 구름이 가득한 형국을 나타낸다. 구름이 가리고 있으니 산이 잘 보이지 않는다. 그러면 무엇을 어떻게 해야 할까? 괘를 살짝 움직여야 한다. 이 괘가 움직이기 위해서는 맨 위의 음 효가 양효로 바뀌어 아래로 내려가야 한다. 그러면 불과 우레가 연이어 있는 서합 괘로 바뀐다. 이 서합 괘는 앞서 언급한 바와 같이 난관 돌파, 새로운 발견을 의미한다.

한국이 취해야 할 태도는 수산건 괘의 맨 위 음효를 살짝 움직이는 것과 같은 전략적 행동이다. 다시 말해, 서두르지 말고 주위를 살펴야 한다. 가입 여부를 서둘러 결정하고 움직이기보다는, 영국이 CPTPP에 어떻게 대응하는지, 미국이 다시 가입할 의사가 있는지, 중국이 포함된 RCEP 협상이 어떻게 바뀌는지, 한·중·일 FTA가 진행될 가능성은 없는지 히니히나 따져봐야 한나.

일본은 하나의 FTA를 체결하면서도 우리와 치밀한 줄다리기를 한다. 정말 바라는 것은 줄다리기를 해도 좋으니, 줄을 끊는 참사만은 일어나지 않았으면 한다.

3. 우리는 어디를 향해야 하는가

COLUMN_ **갈등을 넘어, 시대를 넘어**

연못 안에 있어야 할 물이 연못 밑에 있다. 주역의 47번째 곤困 괘를 두고 하는 말이다. 무슨 말일까? 연못 안에 물이 없으니 이상하고 혼란스럽고 곤궁하다는 말이다. 일본의 무역보복과 관련하여 한국이 처한 현실과 유사하다.

한일 간 경제 갈등은 여러모로 WTO와 관련되어 있다. 한국은 2019년 7월 일반이사회에서 일본의 일방적인 수출규제에 대해 정식으로 문제를 제기하였고, 9월 17일에는 이 사실을 WTO에 제소했다. 하지만 몇 차례의 양자 간 협의 뒤, 지소미아GSOMIA의 조건부 연장과 관련지어 WTO 제소절차를 중지하기로 했다. 일본은 2020년 1월 31일 산업은행의 대우조선 자금지원 문제를 다시 WTO에 제소했다. 대우조선과 현대중공업의 합병이 정부의 시원 아래 이루어져서 불공정하다는 것이다.

한일 간 경제 갈등을 해결하기 위해 WTO를 활용하는 것은 바람직하다. 하지만 WTO는 지는 해다. 피해를 본 나라가 의지할 수 있는 WTO 분쟁 해결절차는 이미 기능을 상실해가고 있다. 일본을 난처하게 만들었다는 2019년 7월 WTO 일반이사회 회의록(요약본)은 우리와 일본의 설전을 단 한 줄로 요약했다. '의장은 양국이 우호적인 양자 협의를 통해 해결책을 찾기를 기대한다.' 일본의 대우조선 합병에 대한 이의 제기 역시 WTO에서 효과적으로 해결되기는 어려워 보인다.

무슨 말인가? WTO를 활용해야 하지만, 그렇다고 해서 WTO가 경제전쟁에 가까운 일본의 무역보복에 대한 근본적인 해결책이 될 수 없다는 뜻이다. 주변국의 중재를 기대해 볼 수는 있을까? 미국. 이 와중에도 호르무즈 해협 파병 문제와 방위비 분담 문제에만 깊은(?) 관심을 표했다. 중국과는 사드 문제도 제대로 해결되지 않았다. 우리 영공을 은근슬쩍 드나드는 러시아도 마찬가지다. 그러니 우리가 의지할 수 있는 국가나 단체는 사실상 없다.

하지만 극적인 반전이 있을 수도 있다. 총리를 통해서건, 한일 의원 간 협의를 통해서건, 기대하지 않았던 민간 경제 교류를 통해서건 피해가 가시화되기 전에 극적으로 해결될 수도 있다. 아니 그렇게 해결되지 않는다 해도 긴 역사의 관점에서 보면, 2019년의 무역보복 역시 한일 간에 벌어진 하나의 에피소드에 그칠 수 있다.

그렇지만 정말 궁금하다. 이 경제전쟁 이후에 우리는 어떻게 변해 있을까? 일본의 수출규제를 계기로 대기업과 중소기업이 소재부품의 연구와 개발에 기꺼이 동참하는 산업구조를 만들 수 있을까? 더 나아가 일본이 아무리 트집을 잡아도 흔들리지 않는 그런 경제를 만들 수 있을까? 해외지향적 경제가 한반도를 중심으로 한 내수지향적 경제로 변모될 수 있을까? 무엇보다 이 경제전쟁을 계기로 어처구니없는 내부 총질 대신에 무시무시한 트라우마를 치유하는 일에 함께 힘을 합칠 수 있을까?

주역의 곤困 괘는 말한다. '곤궁하면 형통하다. 올바른 길을 갈 때 대인은 길하다.' 총칼 없는 전쟁이라도 희생자는 나오고 상처는 생긴다. 그럴 때라도 올바른 길, 갈등을 넘어 미래를 향해 나 있는 길을 가야 한다. 그것이 대인의 품격이다.

반으로 나뉜 한반도를 극복하는 그날, 한반도가 하나의 시장이 되어 스스로 생산하고 소비할 수 있는 그날, 그래서 일본의 터무니없는 트집에도 끄떡없는 경제가 바로 서는 그날이 일제강점의 불법성을 이기는 날이다. 그러니 '곤' 하지만 희망이 있다.

한국이 가야할 올바른 길

2019년 8월, 한국의 모든 관심이 일본의 수출규제에 집중되어 있었다. 일본의 입장은 일견 단순해 보였다. 강제노역 문제에 대한 우리 대법원의 판결이 1965년 한일 청구권 협정 위반이라는 것이다. 옛날 옛적에 다 해결된 문제를 한국의 대법원이 다시 문제 삼고 있다는 것이다. 하지만 재미있다. 삼척동자도 이런 배경을 다 알고 있는데, 일본은 한국에 대한 수출규제가 북한과 같은 나라에 제대로 수출관리를 하지 못하기 때문이라고 둘러댄다. 얼마나 우스운 일인가?

하지만 웃을 일이 아니다. 한국이 그나마 일본에 경쟁력 우위를 가지고 있는 반도체와 OLED 생산에 핵심적인 소재부품의 수출을 금지했기 때문이다. 언론의 표현대로 한국의 급소를 정확히 조준한 행동이다. 서둘러 소재부품 개발에 자원을 집중하고 있지만, 소재부품 개발이 자금만 투자한다고 손쉽게 이루어지는 것은 아니다. 대기업과 중소기업이 함께 연구하고 개발하지 않으면 일본의 소재부품을 대체하는 제품이 만들어질 수 없다. 그래서 칼럼의 뒷부분에 다음과 같은 질문을 던진 것이다.

'언젠가 시간이 지나면 일본의 수출규제도 과거의 에피소드에 지나지 않게 되겠지만, 그때 우리의 소재부품 산업이 어떤 상태에 있을 것인가? 그때도 지금 겨우 이루어지고 있는 대기업과 중소기업의 협력이 유지되고 있을 것인가?'

대우조선과 현대중공업의 합병은 또 다른 문제다. 모든 것이 상호 연결되는 이 시대에 한국의 두 대기업이 합병하기 위해서는, 이 대기업들과 관련된 다른 국가의 승인 혹은 인정을 받아야 한다. 조선

분야 강국인 일본이 이에 대해 딴지를 건 것이다. WTO에 제소했지만, 어차피 양자가 해결할 수밖에 없다. 앞서 지적한 것처럼 WTO의 분쟁 해결절차가 제 기능을 발휘하지 못하고 있기 때문이다.

일본과 관계된 이 같은 복잡한 상황, 경제전쟁에 가까운 상황을 살피다 보니 문득 주역에서 말하는 곤 괘가 떠올랐다. 한국이 처한 상황이 이 괘와 무척 비슷하다는 생각이 든 것이다. 주역의 곤 괘는 말한다. '곤궁하면 형통하다. 올바른 길을 갈 때 대인은 길하다.' 무슨 말일까? 첩첩산중에 둘러싸인 어려운 상황이지만 오히려 형통하다는 뜻이다. 즉, 한국이 어지럽고 혼란스러운 상태에 놓여있지만, 도리어 그 결과가 좋을 수 있다. 하지만 거기에는 올바른 길을 가야 한다는 한 가지 조건이 있다. 한국이 일본과의 경제전쟁이라는 이 곤궁한 상황에서 가야 할 올바른 길이란 무엇일까?

첫째, 수출규제의 직접적인 과녁이 된 소재부품 산업을 제대로 발전시켜야 한다. 그러기 위해서는 대기업과 중소기업의 긴밀한 협력이 필요하다.

둘째, 보다 근본적으로는 수출에 의존하는 경제가 아니라, 내수를 통해 발전할 수 있는 내수지향형 경제를 만들어야 한다. 그래서 일본이 트집을 잡거나 딴지를 걸더라도 흔들리지 않는 경제가 되어야 한다.[*]

---

[*] 내수지향형 경제의 완성을 위해서는 북한과의 바른 관계 형성을 통한 시장 확대가 필요하다.

셋째, 일본과의 경제전쟁 후유증을 최소화하기 위해서는 내부 총질, 즉 정쟁에 가까운 비판을 지양하고, 그 힘을 우리의 경제 체질을 강화하는 데 사용해야 한다.

그럴 때 말할 수 있다.

'곤궁하면 형통하다. 올바른 길을 갈 때 대인은 길하다.'

4. 한국, 스스로 방향을 잡아야 한다

COLUMN_ **한국무역대표부의 설립을 허許하라**

왜 지금 한국무역대표부KTR: Korea Trade Pepresentative의 설립이 필요한가? 결론부터 말하자. 지금 한국의 통상정책은 과거처럼 무역협상을 체결하고, 수입규제를 해결하고, 국제기구에서의 활동 방향을 설정하는 정도에 만족해선 안 된다. 개도국 마인드에서 선진국 마인드로, 수세적 입장에서 공세적 입장으로, 상황에 대처하기보다 상황을 만들어가는 방향으로 바뀌어야 한다. 그리고 그 중심에 한국무역대표부가 서야 한다. 다자간 무역체제가 해체되고, 미·중 무역분쟁으로 치장된 G2의 패권 다툼이 이어지고, EU까지 흔들리는 미증유의 국제 무역환경이 지난 1930년대의 혼란을 연상시키기 때문이다.

오래된 이야기 하나. 1987년에 한국무역위원회 설립과 관련된 용역을 진행하던 마지지의 일이다. 수입 규제 기능의 세노석 근거를 두고 의견이 갈렸다. 나는 선진국처럼 GATT 19조(긴급 수입제한 조치)를 주장했지만, 당시 상공부는 개도국처럼 GATT 18조 B항(국제수지 문제를 이유로 한 수입제한 조치)을 원했다. 당연히 상공부의 의견이 반영되었다.

정확히 2년 뒤, 한국은 GATT 18조 B항을 졸업했고, 그 명칭도 개도국형 '산업 영향조사 제도'에서 선진국형 '산업 피해구제 제도'로 바뀌었다. 그로부터 거의 30년, 우리는 이제 개도국이 아니다. 산업의 어느 부분에서라도 개도국 대우를 받기를 원하고 있다면, 그런 마인드는 이제 털어버리자.

중국산 마늘 수입 급증에 대해 한국은 2000년 긴급 수입제한 조치를 시행했다. 그러나 중국의 막강한 보복 조치에 슬며시 양보했다. 2017년 미국이 한국의 세탁기에 대해 긴급 수입제한 조치를 단행했지만, 한국은 중국이 했던 것처럼 행동하지 못했다. 찾아보면 어디 이런 일이 한두 가지인가? 사드 배치로 인한 중국의 무역보복에 제대로 된 항의 한 번 해본 적 있는가? 롯데와 기아자동차의 피해는 어디서 보상받아야 하는가? CPTPP에 가입은 해야 하나 말아야 하나? 이 모든 엉거주춤의 본질은 하나다. 상황을 만들기보다 상황에 대처하기에 바빴고, 공세적 입장에서 시장을 확대하기보다는 수세적 입장에서 상대방의 공세를 받아치기에 바빴다.

미국과 중국에 끼인 소규모 개방경제로는 어쩔 수 없는 일이라고? 이제 그런 핑계는 치워버리자. G2 패권 쟁탈의 시대, 미국을 따르자니 중국이 걸리고 중국을 따르자니 미국이 걸린다고? 어차피 양쪽의 요구를 다 충족시킬 수 없고, 이러나 저러나 피해는 보기 마련이다. 그러니 자세를 가다듬고 원칙을 지키자. 상대방의 부당한 무역 조치에 대해서는 할 말을 하고, 기능이 약해지기는 했지만, WTO에 제소하자. 상대방이 쌍무주의를 선호하면 우리도 쌍무주의를 시행하자. 중국이 한국의 자동차 배터리에 차별 대우를 하는데 우리는 왜 중국 전기버스에 보조금을 주는가? 명분과 원칙을 지켜야 G2 패권 싸움의 포연이 걷힌 뒤, 새로운 국제 무역질서를 세울 때 우리의 목소리를 높일 수 있다. 우리 주도로 WTO 2.0을 만들지 못할 이유가 무엇인가?

돌이켜 보면 우리의 통상정책은 때로는 외교와 결합하고 때로는 산업과 결합했다. 정권이 바뀔 때마다 '장기판의 졸'처럼 부처를 오가는 공무원의 고충은 예외로 하더라도, 통상이 외교의 뒤치다꺼리를 하거나, 산업 피해에 전전긍긍하느라 실기失機하는 일은 없도록 해야 한다. 그러니 지금이 대통령 직속의 독립적인 한국무역대표부를 만들 때다. 더는 미국과 중국에 휘둘리지 말고, 적어도 통상에 관한 한 품격을 지키고 원칙을 지키도록 해야 한다.

하나만 더! 만약, 정말 만약 가능하다면 한국무역대표부로 하여금 남북한 FTA라도 준비하도록 해야 하지 않겠는가? 내수 확대. 그게 우리가 사는 길이다.

한국, 능동적으로 나서야 한다

한국의 수출은 세계에서 몇 위 정도일까? 관심이 없는 사람도 그 정도는 뉴스에서 들어봤을 것이다. 세계 6~7위를 오르내린다. 2018년에는 중국, 독일, 미국, 일본, 네덜란드, 프랑스 다음의 7위였고, 2017년에는 프랑스를 제치고 6위에 올랐다.

수출 대국이라고 해도 좋다. 수출이 무엇인가? 우리 물건을 해외에 파는 일 아닌가? 우리 물건을 해외에 파는 데 아무 장애가 없는가? 그렇지 않다. 관세를 물어야 하는 것은 기본이고, 비관세장벽 때문에 쩔쩔매거나, 적절한 해결책을 몰라서 수출이 줄어들거나, 아예 못하는 때도 있다. 뉴스에 자주 등장하는 반덤핑관세, 상계관세, 복잡한 수출입 허가절차가 이런 경우에 속한다. 이런 문제에 어떻게 대처해야 할까? WTO가 이런 문제에 대한 규칙을 만들어 처리하지만, 실질적인 문제는 한 나라의 통상정책을 담당하는 기관이 담당할 수밖에 없다.

우리나라의 통상정책을 담당하는 기관은 어디일까? 이게 상당히 복잡하다. 무역에 관한 문제는 여러 부처에 걸쳐있지만, 기본적으로는 통상교섭본부가 담당한다. 쉽게 말하자. 통상교섭본부는 각 나라 무역거래 과정에서 발생하는 실무적 문제, WTO와 같은 다자간 무역기구나 FTA 같은 양자 협상의 실무를 담당한다. 문제는 여기서 발생한다. 통상교섭본부는 정부의 어느 부서에 속하며, 그 기본 성격은 어떠해야 하는가?

결론부터 말하자. 이름을 달리하며 변해왔지만, 통상교섭본부는 외교부와 산업자원부, 때에 따라서는 기획재정부의 통제를 받기도 했다. 정권이 바뀔 때마다 부침을 거듭했으며, 통상교섭본부에 속한 공무원은 하루살이 신세처럼 이 부서, 저 부서를 오갈 수밖에 없었다. 기능은 어땠을까? 공세적이기보다는 수세적이었고, 능동적으로 상황을 만들어가기보다는 수동적으로 주어진 상황을 해결하기에 바빴다. 한편으로 이해가 가지 않는 것도 아니다. 1960년대와 70년대를 거치면서 한국의 통상정책은 수출을 뒷받침하기에 바빴으며, 문제가 생기면 그것을 해결하느라 전 외교력과 행정력을 집중할 수밖에 없었다. 더구나 문제의 상대방이 미국, 일본, EU 등 상대적으로 강대국일 경우에는 되도록 문제를 확대하지 않고 수습하는 것이 최선이었다.

하지만 지금은 어떨까? 앞서 말한 바와 같이 수출 대국이다. 무역 관련 문제도 미국, 일본, EU 등에서만 발생하는 것이 아니라, 인도, 브라질, 베트남 등 개도국과도 많이 발생한다. WTO에서도 주어진 문제에 답변이나 하는 수동적 입장에서 벗어나, 규칙을 건의하고 만들고 규범을 제정하는 방향으로 변해가야만 한다. 자리가 사람을 만든다는 말처럼, 한국이 국제 무대에서 차지하는 수출 비중이 저절로 이런 역할을 하지 않을 수 없게 만들었다.

그래서 어떻게 해야 할까? 통상교섭본부라는 이름 그대로 있어도 좋다. 하지만 어느 부서에 속하는 것이 아니라 그 자체가 하나의 독립된 정부 부서로 활동하는 것이 바람직하다. 그렇다면 과거와 같은 통상교섭본부라는 명칭에 구애되지 말고, 한국무역대표부와 같은 새로운 명칭의 독립기관을 만드는 것이 바람직하다. 그리고 가능하면 대통령 직속으로 하는 것이 좋다. 그 기능의 독립성을 담보하기 때문이다. 하지만 무엇보다 중요한 것은 이 기관이 통상 문제에서 가져야 할 기능 혹은 역할이다.

앞에서도 말했지만 가장 먼저 개도국 마인드를 버리는 게 좋다. 이게 문제의 소지가 있다는 건 알고 있다. 개도국 대우를 포기할 경우, 우리 농업이 부정적 영향을 받을 수 있기 때문이다. 하지만 WTO에서의 개도국 지위는 선언적인 것인데(스스로 개도국이라고 주장하면 개도국 대우를 받을 수 있다), 농업 문제를 이유로 한국이 개도국이라고 주장하기에는 한국의 무역 규모가 너무 커졌다. 우리가 개도국이라고 주장하면, 객관적으로 그게 어떻게 비칠까?

그런 다음, 주어진 문제를 해결하고 가급적 문제를 만들지 않는 소극적 태도에서, 문제가 생기지 않도록 상황을 관리하는 능동적이고 주도적인 태도로 바꿀 필요가 있다. 사후적 관리에서 사전적 준비로 기능을 바꾸자는 것이다. 이렇게 태도를 바꾸면, 미국, 중국, 일본, EU 등 과거 우리가 소극적 태도로 일관했던 교역 상대국에 대해 좀 더 사전적이면서 과감한 조치를 할 수 있다. 상대방이 일방적인 조치를 하면, 우리도 그에 상응하는 조치를 할 수 있어야 한다. 예전처럼 긴급 수입제한 조치를 하면서 중국 눈치를 보거나, 중국이 우리 배터리에 보조금을 지급하지 않는데도 중국 전기버스에 보조금을 지급할 이유가 없다. 상대가 쌍무적으로 나오는데 우리가 쌍무적으로 나가지 못할 이유가 어디 있는가?

KTR이 FTA와 같은 협정을 준비하거나 체결할 수 있음은 이미 말한 바와 같다. 이런 독립적인 기관이, 예컨대 북한과의 FTA를 위한 협정을 준비하거나 체결할 수 있다면, 한반도의 미래를 위해서도 매우 바람직한 일이 아닐까?

4부

웰컴

미래산업

1. 산업이 너무 빨리 변하고 있다

COLUMN_ 경제는 산업의 변화를 넘지 못하네

이마트와 쿠팡. 누가 최종 승자가 될까? 쿠팡을 지지하는 사람들은 온라인 쇼핑이라는 대세에 주목한다. 대형 마트에 장을 보러 가는 시대는 지났으니, 쿠팡이 한국의 아마존이 된다는 것이다. 소프트뱅크의 손정의가 두 차례에 걸쳐 쿠팡에 3조 원 이상을 투자한 것이 바로 이 때문이라고 한다. 가치투자의 달인이라는 워렌 버핏도 온라인 쇼핑의 최강자인 아마존에 투자한 사실이 밝혀졌으니, 그렇다면 쿠팡이 유리한 걸까?

반론도 만만치 않다. 쿠팡은 누적 적자 3조 원을 기록하고 있으며, 좁은 땅의 한국은 아마존이 활개 치는 넓디넓은 미국과 배송여건이 다르다는 의견이다. 등락은 있지만 해마다 수천억 원의 순이익을 올리고, 스타필드 같은 신성장 동력을 가신 이마트가 낫다는 것이다.

지켜보는 재미가 쏠쏠하다.

애플과 삼성. 두 거대 IT기업은 최근 변신 중이다. 애플의 팀 쿡은 아이폰 출시 이후 가장 큰 변화를 모색하고 있다. 아이폰과 같은 IT 하드웨어를 만드는 기업이 아니라, 동영상과 같은 콘텐츠를 만들고 제공하는 서비스 기업으로 변하려 한다. 무려 10억 달러를 자체 콘텐츠 제작에 투자하고, 스트리밍 서비스를 강화해서 넷플릭스나 디즈니 같은 구독자 기업subscription firm을 따라잡겠다는 것이다. 삼성전자는 133조를 투자하여 2030년까지 비메모리 반도체 세계 1위를 달성하겠다고 한다. 메모리 반도체와 비메모리 반도체, 두 개의 검을 한 손에 다 쥐겠다는 것이다. 지금 전 세계 스마트폰 시장에서 1, 2위를 다투는 두 회사가 전혀 다른 방향으로의 비전을 밝히고 있다. 애플이 콘텐츠 위주의 서비스를 강화하겠다는 반면, 삼성은 강점인 하드웨어를 더 강화하겠다는 것이다. 누가 어떻게 어느 정도의 차이로 성공할까?

아, 하나만 더. 현대자동차와 테슬라. 현대자동차는 판매 대수 기준 세계 5위의 자동차 기업이다(2018년 3분기 기준). 게다가 일시적이지만 2016년에는 14조 원에 달하는 순이익을 기록했다. 전기자동차와 자율주행차로 유명한 테슬라는 2019년 중반까지 15년 동안 전혀 이익을 내지 못했다. 그런 테슬라의 시가총액은 1,650억 달러에 달하는데 현대자동차의 시가총액은 얼마인지 아는가? 200억 달러에 불과하다. (2020년 1월말 기준) 말이 되는가? 당연하다 말이 된다.

한 기업은 시대의 흐름을 주도하는 선두기업이고, 한 기업은 현재는 굴지의 기업이지만, 미래의 이익을 얻으려는 노력이 다소 부족했기 때문이다.

정리해보자. 온라인이 최고라지만, 지역적으로 적합하지 않다면 온라인 전자상거래가 답이 아닐 수 있다. 하드웨어와 소프트웨어의 논쟁은 끝나지 않았다. 제4차 산업혁명이라는 거대한 물결의 어느 시점에 위치하느냐에 따라, 하드웨어가 유리할 수도 있고 반대로 소프트웨어가 유리할 수도 있다. 세상의 트렌드를 선도하는 것은 분명히 강점이겠지만, 무한정 적자를 지속하는 기업을 응원할 수는 없다. 무슨 말일까? 위에 언급한 세 가지 사례 모두 정해진 답은 없다는 뜻이다.

그래서 말한다. 한 나라의 흥망성쇠는 기업과 산업의 변화를 넘지 못한다. 거시적 경제지표가 아무리 훌륭해도, 그 지표를 이루는 기업과 산업이 흔들린다면 무슨 의미가 있겠는가?

지금 세계의 기업과 산업은 현기증이 날 정도로 빠르게 바뀌고 있다. 모든 기업이 제2의 코닥, 제2의 노키아가 될 수 있다. 한국도 예외가 아니다. 산업의 변화를 받아들이고, 넘어서지 못한다면 이 작은 나라의 장래는 어두울 수밖에 없다. 그런데 정말 그렇게 받아들이고 넘어서고 있을까?

급변하는 산업환경

너무 빨리 변하는 산업들

오랜 세월 독점적 지위를 지켜오던 이마트와 롯데쇼핑이 흔들리고 있다. 미국의 아마존, 한국의 쿠팡으로 대표되는 '온라인 상점'이 '오프라인 상점'을 흔들고 있기 때문이다. 2020년에 유행한 코로나19는 이런 움직임에 박차를 가했다.

애플과 삼성의 미래 전략을 지켜보는 일은 흥미진진한 영화 한 편을 보는 것처럼 손에 땀을 쥐게 한다. 애플은 아이폰, 맥북 등 하드웨어 제품을 만들고는 있지만, 향후 콘텐츠와 소프트웨어를 공급하는 플랫폼 회사로 변모하려고 한다. 반면에 삼성은 폴더블 폰인 '갤럭시 Z 플립'을 출시하면서 디스플레이 등 하드웨어에 집중하겠다는 의지를 표명했다. 소프트웨어는 구글, 마이크로소프트, 넷플릭스와 협업을 하겠다는 것이 삼성의 생각이다. 누가 옳을까? 아니면 둘 다 옳거나 틀린 걸까?

현대자동차와 테슬라의 사업 모델을 보면서도 비슷한 기분이 든다. 판매량은 현대자동차가 압도적이지만, 시가총액은 테슬라가 현대자동차의 8배나 된다. 도대체 왜 그럴까? 누가 옳고 누가 틀렸기 때문이 아니다. 단순화시켜 말하면, 현대자동차가 과거의 기업이라면 테슬라는 미래의 기업이기 때문이다. 그러니 다들 미래의 기업에 한 표를 던진다.

구글은 영원할까?

지금 세계가 가장 주목하는 IT 기업을 FAANG_{Facebook, Amazon, Apple,} _{Netflix Google} 혹은 MAGA_{Microsoft, Apple, Google, Amazon}라고 표현하는데, 양쪽 모두에 속하는 기업이 바로 '아마존'과 '구글'이다. 여기서 질문한 가지. 여러 방면에서 뜨거운 이슈를 던지고 있는 구글은 앞으로도 계속 잘 나갈까?*

구글은 검색엔진으로 시작한 기업이다. 그러나 이제 누구도 구글을 검색엔진에 특화된 기업으로 생각하지 않는다. 오히려 인공지능, 자율주행차 등 제4차 산업혁명의 중심에서 세계를 향해 맹위를 떨치고 있다. 이런 구글이 망할 수 있다고 말한다면 어떻게 생각해야할까? 아니 그런 가능성이 있을까? 필자는 그럴 수 있다고 생각한다. 그 이유는 다음과 같다.

첫째, 독점적 지위를 확보한 이후의 내부적 변화 때문이다. 구글이 등장해서 벤처기업으로 성장해나갈 때 내건 구호는 "사악해지지 말자_{Don't be evil}"였다. 이 구호는 당시 시장을 장악하고 있던 마이크로소프트를 향한 것이었다. 그 당시 마이크로소프트는 독점적 지위를 강화하기 위해 유망한 벤처기업 여러 곳을 인수 합병했는데, 구글은 마이크로소프트의 이 같은 움직임을 사악한 행동으로 여겼다. 그런데 독점적 지위를 차지한 지금의 구글 역시 마이크로소프트와 같은

---

* 필자의 책, 『제4차 산업혁명』, 제3부에서 분석한 글을 수정·인용하였음.

행동을 하는 게 아닌가 의심받고 있다. 지금은 세계적인 독점력을 자랑하는 구글이지만, 그로 인한 반작용으로 인해 기업이 쪼개지거나 쇠퇴하는 과정을 겪을 수도 있다.

둘째, 구글의 사업 모델 때문이다. 전 세계 사람들이 구글의 검색엔진에 열광했던 이유는 성능 좋은 검색엔진을 무료로 사용할 수 있다는 점 때문이었다. 하지만 검색이 공짜일까? 그렇지 않다. 검색하는 동안 구글에 자신의 개인 정보나 취향 등을 제공하게 되는데, 이 정보가 바로 구글이 검색을 제공하면서 얻어가는 대가인 셈이다.

처음에는 이 대가가 그다지 중요하지 않았다. 하지만 구글이 축적하는 개인 정보의 양이 증가할수록 거대한 빅 데이터가 되어갔고, 이 데이터가 다시 새로운 산업, 새로운 사업의 원천이 되어갔다. 그리고 어느 날 눈을 떠 보니 자신도 모르는 사이에 구글이 세상에서 자기를 가장 잘 아는 기계 혹은 그 무엇이 되어있었다. 자율권이 상실된 것이다. 보호받아야 할 개인 정보가 제4차 산업혁명기의 새로운 산업 성장과 발전을 위한 전제조건이 되어갔다. 조금 단순화시켜 말하면, 기업이 내 개인 정보를 모아 사업을 하는 것이다. 만약, 개인 정보에 대한 인식이 코페르니쿠스적 전환을 맞는다면, 그래서 개인 정보의 수집과 활용, 매매에 엄격한 규제가 내려진다면 구글은 심각한 위기에 직면할 수 있다.

셋째, 구글의 미래를 어둡게 볼 수도 있는 중요한 이유 중 하나는 구글이 자리 잡은 기반, 즉 인터넷의 특성과 관계가 있다. 인터넷은 개방성을 기초로 한다. 아무런 차별 없이 누구든지 인터넷에 접속할 수 있고, 멀리 떨어진 개인이나 기업과 자유롭게 정보와 지식을 주고받을 수 있으며, 시간과 공간의 제약 없이 소통할 수 있다. 인터넷이 이 같은 개방성에 한정된다면 구글의 미래가 어둡지 않을 수 있다. 하지만 인터넷을 이용한 금융거래가 대규모 프로젝트나 기업이나 산업의 미래를 좌우할 정도의 큰 규모로 이루어지게 되면 이전과 다른 양상이 전개될 가능성이 높다.

지금 무슨 이야기를 하는 걸까? 그렇다. 보안 이야기다. 안전성과 확실성이 보장되지 않는 한, 온라인 금융거래는 사용할 수 없다. 단 한 번이라도 회복 불가능한 대규모 금융사기나 거래 불안정 상황이 발생한다면, 온라인 금융거래 자체가 치명상을 입을 수 있다. 금융기관과 IT 기업이 수많은 자원을 투입하여 보안 문제에 대처하고 있지만, 100% 안전한 보안은 있을 수 없다.

제4차 산업혁명으로 인해 인터넷의 개방성에 대해 보안을 강조하는 요구가 임계점을 넘어선다면, 개방성을 기본으로 발전해온 구글에 비상이 걸릴 수밖에 없다. 지나치게 성급한 결론일지 모르나, 개방성과는 다른 특성을 가진 인터넷망이 필요해지고, 그 인터넷망을 개발하고 발전시키는 데 성공하지 못한다면 구글의 미래가 어두워질 수 있다.

개방성과는 다른 특성을 가진 인터넷망이 있을 수 있을까? 우리는 여기에서 블록체인을 떠올릴 수 있다. 블록체인 기술이 더 발전하여 새로운 인터넷망으로 연결된다면, 기업과 산업의 변화가 더 어지러워질지 모른다.

2. 미래는 만들어가는 자의 몫이다

COLUMN_ **자동차 산업의 변화**

한 달에 149만 원을 내면 제네시스 3개 모델을 매월 2회씩 바꿔 탈 수 있다. '제네시스 스펙트럼'이라는 현대자동차의 자동차 구독 방법이다. 지갑이 가벼운 당신에게는 조금 부담스럽다고? 그렇다면 한 달에 72만 원을 내는 '현대 셀렉션'은 어떤가? 그럴 경우, 쏘나타, 투싼, 벨로스터를 바꿔가며 탈 수 있다. 그런데 구독이라니? 잡지처럼 중간에 마음대로 구독을 중단하거나 연장할 수 있다는 말인가? 당연하다. 혹시 운행 거리에 제한이 있을까? 아니다. 그렇지 않다.

자동차 산업에 커다란 변혁의 물결이 다가오고 있다. 20세기 초반에 시작된 내연기관의 시대가 저물고, 뒤를 이어 전기차, 하이브리드카, 수소차의 물결이 바싹 다가와 있다. 변화의 물결이 엔진에만 그친다면 그나마 나행이나. 해일과 같은 공유경제의 물결은 자동차의 소유에 대해서도 의문을 던지고 있다. 필요할 때 스마트폰으로 부르기만 하면 되는데, 세금과 보험료를 내면서 자동차를 소유할 필요가 있을까? 자동차를 한 대도 소유하지 않은 우버가 세계 최대 택시 회사라는 사실은 더 이상 아이러니가 아니다.

엔진의 변화, 공유경제의 확산만 있다면 그나마 한숨을 돌릴 수 있다. 사물인터넷과 인공지능으로 무장한 자율주행차가 본격적으로 거리에 나선다면, 도대체 자동차 산업에 어떤 일이 벌어질까? 스마트폰으로 호출하면 운전기사도 없는 전기 자율주행차가 당신의 집 앞에서 기다린다. 목적지를 이미 입력했고, 요금도 사전에 입력한 신용카드나 페이로 지불할 테니, 당신이 할 일은 목적지에 도착할 동안 명상에 잠기거나 BTS의 음악을 즐기면 된다. 비용 편익 분석으로 무장한 사람에게 자동차는 더 이상 소유의 대상이 아니다. 그러니 앞에서 말한 제네시스 스펙트럼나 현대 셀렉션은 거대한 변화가 해일로 바뀌기 전에 잠시 몸을 푸는 정도에 불과하다.

빠르면 10년 뒤, 자동차 산업은 더 이상 제조업으로 분류하기 어려울 수 있다. 오해하지 말자. 현대자동차가 제네시스나 쏘나타 같은 하드웨어를 만들지 않는다는 이야기가 아니다. 그때까지 현대자동차가 세계 시장에서 살아남으려면, 전체 매출에서 제네시스나 쏘나타와 같은 하드웨어가 차지하는 비중을 30% 미만으로 줄이고, 나머지를 구독경제의 뒤를 이은 공유경제 그리고 자동차를 이용한 수송 서비스 관련 매출로 채워야 한다. 생산한 자동차는 일반 소비자에게 파는 게 아니라, 공유자동차를 서비스하는 기업에 대여하거나, 스스로 공유 서비스 기업이 되어야 한다. 효율적인 전기차나 수소차의 개발은 기본이다. 돈을 벌어들일 수 있느냐고? 미안하지만 불확실하다. 자율주행을 가능하게 하는 데이터 플랫폼과 어떤 관계를 맺는지, 그 플랫폼에서 어떤 콘텐츠를 제공하는지가 큰 변수가 될 수 있다. 그러니 일반인의 소유를 위해 자동차라는 하드웨어를 파는 시대, 그 하드웨어를 팔아서 돈을 버는 시대는 가고 있다.

미래는 대비하는 자의 몫이다? 틀렸다. 미래의 윤곽은 희미하게 드러나 있으니, 이제 미래는 만들어가는 자의 몫이다. 그러기 위해서는 해일과 같은 변화를 기꺼이 맞이하고, 지금의 편안한 자리에서 벗어날 줄 알아야 한다. 스웨덴에서는 2020년부터 자율주행차가 일반인을 태우고 도로를 달리기 시작한다. 현대차, 기아차, 르노삼성차. 지금 무엇을 하고 있는가? 달걀 몇 개를 얻으려고 싸우다가는 '황금알을 낳는 거위'를 잃을 수 있다.

자율주행차의 시대가 온다

제2차 이동성 시대의 도래 : 자율주행차

디지털 경제의 발전을 돌이켜볼 때, 제1차 이동성의 시대는 2007년에 시작되있다. 2007년 1월, 애플이 본격적으로 아이폰을 출시하면서 언제 어디서든 IT와 인터넷에 접속할 수 있는 시대가 열렸다. 디지털 유목민digital nomad이라는 말도 이 시기를 전후로 나오기 시작했다. 어느덧 스마트폰이 보급된 지 10년이 넘었고, 전 세계 거의 모든 사람이 스마트폰을 소유하게 되었다. 이 시대를 일컬어 우리는 모바일 혁명의 시대라고 한다.

이동하면서 인터넷에 접속하고, 이동하면서 원하는 일을 할 수 있는 제1차 이동성의 시대는 이렇게 시작되었다. 데스크톱 컴퓨터에서 할 수 있는 일 중에서 스마트폰으로 할 수 없는 일은 사라졌다. 과거에는 스마트폰의 제한된 자판 때문에 콘텐츠 입력에 어려움이 있었으나, 이제 그마저도 가상 자판 혹은 스마트폰에 연결하는 자판 덕분에 아무런 문제가 없다. 오히려 스마트폰 전용 콘텐츠나 기능이 주목받는 시대가 되었다.

이 같은 제1차 이동성의 시대를 지나, 이제 제2차 이동성의 시대가 열리고 있다. 바로 자율주행차다. 아직 완전한 자율주행차가 양산되고 있지는 않지만, 거리에서 완전 자율주행차를 목격할 날이 머지않았다. 아마도 5년 안에 완전한 형태의 자율주행차를 목격할 가능성이 커지고 있다.

CES 2020에서 이런 추세를 다시 한번 확인할 수 있었다. CES 2019에서 자율주행차 관련 제품들이 출시되지 않은 것은 아니지만, CES 2020에서는 자율주행차가 이미 '대세의 반열'에 접어들었음을 보여주었다. 〈그림 3〉은 자율주행차를 개발 중인 도요타, 벤츠, 혼다

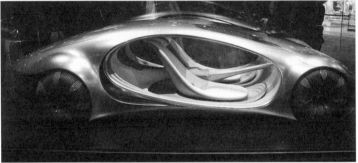

〈그림 3〉 전기차를 기반으로 한 자율주행 '콘셉트 카'

의 '콘셉트 카'들이다. 인상적인 부분은 이 자동차들이 내연기관이 아니라 모두 전기로 움직인다는 점이다. 전기자동차를 기반으로 한 자율주행차, 이미 새로운 시대가 다가오고 있다.

현대자동차는 살아남을 수 있을까

2014년. 현대자동차 그룹은 삼성동 한국전력 부지를 10조 5,500억 원에 사들이기로 했다. 이 뉴스를 접했을 때의 실망감을 잊을 수 없다. 현대자동차가 도대체 무엇을 하려는 건가? 세계 자동차 시장에서 확고한 입지를 다진 것도 아니고, 노사협력이 원활하게 이루어지는 것도 아니고, 디지털 경제 시대의 자동차 산업변화에 앞장서지도 않은 상태로 부동산에 10조 5,500억 원을 투자하다니. 미래를 결정하는 기술 개발과 진로 모색에 사용해도 모자랄 판에, 그 귀한 자금을 부동산 매입에 사용하다니. 사놓은 주식이 있다면 팔고 싶었다.

그로부터 5년. 관심 영역 밖에 있던 현대자동차 그룹에서 다시 희망의 싹을 보기 시작했다. 2019년 5월, 글로벌 사모투자 펀드 운용사 칼라일의 공동대표와 가진 회담에서 보여준 정의선 수석부회장의 미래 자동차에 대한 인식 때문이다.

그는 이 회담에서 "밀레니얼 세대는 자동차를 소유하는 것이 아니라, 공유를 희망할 것이다." "현대자동차 그룹의 기업 문화는 스타트업 기업처럼 변화할 것이다."라고 밝혔다. 특히 압권이었던 건 "우리의 비즈니스를 제조업에서 서비스 부문으로 전환해야 한다."라고 밝

〈그림 4〉 현대자동차가 CES 2020에 출품한 소형버스 형태의 자율주행차(위)와
하늘을 나는 자동차(아래)의 시제품

힌 부분이다. 앞에서 필자가 자동차 기업이 향후 수송서비스 공급자로 변할 것이라고 언급한 내용과도 일치한다.

현대자동차는 '2025 전략'을 '스마트 모빌리티 솔루션 기업'으로 정하고 있다. 그런 의미에서 2025년까지 완전 자율주행차를 양산하기 위해 순수 자율주행 기술 분야 글로벌 3위 기업인 앱티브와 합작법인을 설립하기로 했다는 소식은 매우 고무적이다. 앞으로의 행보를 지켜보아야 하겠지만, 일단은 제4차 산업혁명이 가져오는 변화의 방향을 정확히 파악하고 적응하려 노력하는 것으로 보인다.

현대자동차의 눈물겨운 변신 노력은 계속된다. CES 2020에 출품된 제품들은 이 같은 노력의 산물들이다. 현대자동차는 자율주행을 기본으로 한 소형버스 콘셉트 카를 선보였고, 우버와 협력하여 하늘을 나는 자동차의 시제품도 선보였다. 아직 시제품이기 때문에 상업적으로 활용할 수는 없지만, 자동차 산업변화의 방향과 속도를 알고 거기에 맞추어가려는 노력만큼은 높이 평가하고 싶다. 그렇다고 현대자동차가 살아남을 거라는 말은 아니다. 현재로서는 살아남기 위한 필요조건을 겨우 충족시킨 정도이기 때문이다. 거듭 말하지만, 미래는 만들어가는 자의 몫이다.

3. 제4차 산업혁명, 그 어지러운 변화

COLUMN_ **변화 그리고 변화**

'악마가 되지 마라.' 지금의 구글을 만든 사시社是다. 구글은 마이크로소프트를 악마의 제국으로 보았다. 마이크로소프트는 막강한 자본력을 바탕으로 IT 시장을 지배하려 했고, 미 법무부와는 반독점 제소와 관련한 진흙탕 싸움을 했다. 악마는 당연히 비틀거렸다. 모바일 혁명에 제대로 대처하지 못 했고, 윈도우에 집착하느라 미래 먹거리를 찾지 못하는 죽은 회사라는 혹평을 들어야 했다.

그랬던 마이크로소프트가 돌아왔다. 매출이 급증했고, 시가총액은 애플과 엎치락뒤치락하며 세계 1위 경쟁을 벌이고 있다. 완벽한 제국의 역습이다. 그 가운데에 클라우드 컴퓨팅 서비스를 제공하는 애저Azure가 있고, 윈도우에 대한 집착을 버리고 새길을 개척한 사티아 나델리 Satya Nadella CEO가 있다. 그는 세4차 산업혁병이라는 어지러운 변화 속에서 무엇이 중요한지를 파악하고, 마이크로소프트 전체를 바꾸어놓았다.

비행기, 즉 항공산업의 가장 큰 미래 경쟁자는 무엇일까? 놀랍게도 자율주행차다. 미국의 한 여론조사 업체는 비행기로 두 시간 걸리는, 하지만 자동차로는 10시간 걸리는 두 지역의 이동에 대한 운송수단 선호조사를 했다. 결과는 놀랍다. 공항을 오가는 시간, 지루한 검색과 소지품 검사 등에 시달리는 피곤함까지 고려하면, 차 안에서 원하는 대로 마음껏 시간을 보낼 수 있는 자율주행차가 낫다는 비율이 더 높았다. 그렇다면 이 자율주행차는 자동차 산업에 호재일까? 그렇지 않다. 자동차 산업은 자동차라는 하드웨어를 만드는 제조업체에서 서서히 운송수단을 제공하는 서비스 업체로 변해가고 있다. 사람들이 자동차를 소유해야 할 이유가 점점 없어진다는 뜻이다. 자율주행차가 더 호화롭게 바뀌면 호텔과 관광산업에도 영향을 미칠 것이다. 비싼 돈을 내고 호텔에 투숙하기보다 잘 정비된 차 안에서 이것저것 즐기며 목적지까지 갈 수 있기 때문이다.

이 같은 변화는 한두 기업이나 산업에 국한되지 않는다. 두려운 것은 변화의 속도가 너무 빠르고, 변화의 폭이 너무 크고, 변화로 영향을 받는 영역이 너무 광범위하다는 점이다. 기업과 산업의 사례를 들었지만, 국가도 예외가 아니다. 대표적인 나라가 인도다. 인도는 생체 정보까지 포함한 개인 정보를 하나의 디지털 플랫폼에 등록시키는 아드하르Adhaar라는 생체 인식 디지털 ID 계획사업을 추진하고 있다. 현재 등록자 수는 12억 명을 넘어섰다. 신원 확인은 기본이고 이를 통해 금융, 헬스케어, 유통, 심지어 농업 분야의 혁신까지 기대하고 있다. 말 그대로 코끼리가 움직이고 있다.

이 어지러운 변화의 핵심은 디지털 변환digital transformation이다. 개인, 기업, 사회, 국가가 디지털 기술을 기초로 혁명에 가까운 변화를 해야 한다. 이는 성공을 위한 조건이 아니라, 생존하기 위한 조건이다. 돌아온 악마인 마이크로소프트는 클라우드 시스템인 애저의 운영체제로 윈도우보다 리눅스Linux를 더 많이 사용하고 있다. 한때 마이크로소프트를 악마라고 지칭했던 구글이 오히려 이런 마이크로소프트의 융통성을 배우려 한다. 느리게 움직이던 코끼리가 이제는 거대한 플랫폼을 만들어 빠르게 움직이는 디지털 코끼리로 변하고 있다. 자신을 모두 바꾸려 한다.

앞으로 5~7년 사이에 우리 미래의 삶과 경쟁력이 결정된다. 정치 경제적으로 숱한 과제가 있다는 걸 모르는 바 아니지만, '누구도 흔들 수 없는 기술 강국'이라는 목표에 '어떤 변화도 따라잡을 수 있는 디지털 강국'이라는 또 하나의 목표가 더해지기를 간절히 바란다.

제4차 산업혁명의 내용과 방향

짐작하는 바와 같이 지금까지 살펴본 산업의 이 모든 변화는 현재 진행되는 제4차 산업혁명과 밀접한 관계를 가진다. 아니 이런 변화 자체가 바로 제4차 산업혁명의 내용이자 형식이기도 하다.

앞에서 산업의 변화 속도를 설명하기 위해 마이크로소프트를 예로 들었다. 지적한 대로 마이크로소프트는 과거의 영광, 즉 컴퓨터 운영체제나 오피스MS-Office프로그램과 같은 소프트웨어를 판매하는 기업에서 벗어나 클라우드 컴퓨팅 기업으로 변모하는 데 성공했다. 만약, 이 같은 변신이 없었다면 마이크로소프트는 흘러간 IT 기업이 될 수밖에 없었을 것이다. 클라우드 컴퓨팅은 제4차 산업혁명의 기본 경쟁력을 좌우하는 데이터 산업과 밀접한 관련이 있다.

마이크로소프트의 변화는 인상적이다. 오죽했으면 마이크로소프트를 돌아온 악마라고 부를까? 특히 두드러지는 점은 그와 같은 변신을 이뤄낸 속도다. 빨리 바꾸지 않았다면 시장에서 도태될 수밖에 없었다. 변신의 근본은 무엇일까? 바로 디지털 변환이다. 디지털 변환이란 사업의 방식, 목표, 구성원까지 모두 디지털 경제의 특징에 맞게 바꾸는 것이다.

이 같은 제4차 산업혁명의 특징을 정리하는 일은 현재 일어나고 있는 미래 산업의 변화를 이해하는 실마리가 될 수 있다.

〈표 5〉는 제4차 산업혁명 시대의 특징을 변화의 내용과 방향으로 구분하여 정리한 것이다. 변화의 내용은 자율Autonomy, 모든 부문의 혁신Beyond-Innovation, 융합Convergence, 깊이Depth로 나눌 수 있고, 변화의 방향은 속도Speed, 민간우선private, 지역 우선Local으로 요약할 수 있다.

〈표 5〉 제4차 산업혁명 시대의 특징

구분	주요 특징	주요 내용	중앙 정부에 대한 시사점	지역 정부에 대한 시사점
변화의 내용	자율 Autonomy	- 규제는 기본적으로 불필요 - 필요할 경우 최소한의 규제	- 규제 완화 필요 - 지역 정책에 대해서도 재원, 정책, 시행에 대한 규제 완화 필요	- 규제 완화 필요 - 지역 정부의 자율성 제고를 위한 특단의 대책 필요
	모든 부문의 혁신 Beyond Innovation	- 상품과 서비스에서의 혁신을 넘어 제조공정과 사업 모델까지의 혁신이 긴요	- 좁은 의미의 혁신 개념을 지양 - 산업과 정책 전반의 혁신	- 지역의 자율성을 바탕으로 지역의 경쟁력 제고를 지향
	융합 Conver-gence	- IT를 중심으로 모든 기술이 융합 - 산업의 구분이 없어짐	- IT 육성은 기본 - BT, ET, 소재 산업에 관한 관심 필요	- 중앙 정부와 기본적으로 같은 관점 - 지역의 특성을 고려한 융합전략 구상
	깊이 Depth	- 이전의 산업혁명과는 다르게 변화의 깊이가 예상을 초월	- 중앙 정부가 모든 변화를 관할하지 못함	- 지역 정부가 스스로 변화의 폭과 깊이를 주도해야 함
변화의 방향	속도 Speed	- 매우 빠른 기술개발 속도 - 평균 이상으로 빠른 시장의 성숙 속도 - 직업의 빠른 변화 속도	- 속도에 대한 인식의 전환 - 산업정책의 전환 - 교육제도에 관한 관심	- 중앙 정부와 기본적으로 같음 - 교육부문에 대한 깊은 관심이 필요
	민간 우선 Private	- 기업의 역할이 매우 중요 - 기업이 중심이 된 기술개발 - bottom-up 방식의 전개	- 정부 역할 재검토 - 미래설계와 비전 제시를 위한 정부의 역할 설정	- 지역 여건을 고려할 때 지역 정부는 중앙 정부보다 더 깊게 개입할 필요
	지역 우선 Local	- 제4차 산업혁명의 폭, 깊이, 속도는 지역이 먼저 자발적으로 수용해야 함	- 중앙 정부는 지역 정부에 대해 반드시 자율권 부여	- 지역 정부는 자율적으로 혁신에 의한 경쟁 수용해야

변화의 내용이 ABCD로 요약될 수 있다는 점을 기억하면 좋겠다.

제4차 산업혁명의 빠른 변화에 어떻게 대처해야 할까? 앞에서 그 대처 방안의 하나로 디지털 변환을 언급했지만, 그것은 빙산의 일각에 불과하다. 그 대처 방안을 제시하려면 또 다른 책 한 권이 필요할지 모른다. 따라서 여기서는 제4차 산업혁명에 대한 대처 방안을 하나의 비유로만 언급하고자 한다.

산업의 변화에 허둥댈 것이 아니라, 그 산업의 변화에 올라타야 한다. 산업의 변화에 허둥댄다는 건 변화해야 한다는 강박에 사로잡혀 전후좌우를 제대로 살피지 않고 흐름을 따라간다는 말이다. 자신의 여건과 목표, 가능성을 검토하지 않고 디지털로 기업과 산업을 섣불리 바꾸는 것을 뜻한다.

반대로 산업의 변화에 올라탄다는 건 스스로 그 변화의 방향과 속도와 효과를 가늠하여 이용한다는 뜻이다. 바꿀 것과 유지할 것, 내일 바꿀 것과 1년 뒤에 바꿀 것, 가능한 것과 가능하지 않은 것을 구분하여 대응하는 것을 뜻한다.

4. 우리에게 미래는 있는가

지금 무엇을 하고 있는가?

'제록스Xerox하다.' 무슨 말인가? 복사한다는 말이다. '구글링googling.' 구글로 검색한다는 말이다. 짐작한 바와 같이 한 시대를 휩쓴 기업의 특색을 동사로 만든 것이다. 그렇다면 '아마존드amazoned'는 무슨 뜻일까? 아마존이 진출하는 영역의 기업은 망한다는 말이다. 도대체 얼마나 영향력이 있기에 아마존 때문에 쓰러지는 기업이 즐비하단 말인가?

세계적으로 알려진 기업도 일단 아마존의 마수에 걸리면 살아남지 못한다. 아마존이 온라인서점으로 시작하면서 가장 먼저 반즈앤노블Bahns & Noble 서점이 무너졌다. 장난감 판매 전문업체인 토이저러스Toys"R"us, 시어즈Sears 백화점이 그 뒤를 이었다. 메이시Macy 백화점은 아직은 영업을 하고 있지만 미래를 장담하지 못한다. 도대체 이 경쟁력은 어디서 나오는가? 아마존은 미국 온라인 소매시장의 40%를 차지하고 있으며, 미국 가정의 44%가 1년에 199달러를 내는 아마존 프라임 서비스에 가입하고 있다. 그 넓은 땅에 자리한 72%의 가정에 어떤 물건이든 당일 배송이 가능하다. 이런데도 겨우 유통업이라고 폄훼할 수 있겠는가?

이건 어떤가? 이해하기 힘들지 모르지만, 넷플릭스Netflix는 스타벅스를 목표로 한다. 문화적 아이콘을 꿈꾼다는 뜻이다. 그런 넷플릭스가 내심 두려워하는 회사가 아마존이다. 스트리밍 기법을 활용한 동영상 서비스는 2007년에 아마존이 먼저 시작했다. 전자상거래에 집중하느라 구독 경제의 대세를 잠시 놓친 아마존은 '아마존 프라임 비디오'라는 구독 서비스를 시작했고, 아홉 배 넘게 차이 났던 넷플릭스와의 간격을 대폭 좁혔다. 대세는 이미 넷플릭스라고? 아닐 수 있다. 단기적으로는 디즈니 플러스, 애플TV 플러스가 넷플릭스를 위협할지 모르지만, 장기적으로는 아마존이 이 모두를 뛰어넘을지 모른다. 콘텐츠가 부족하다고? 이미 갖추고 있는 콘텐츠 외에도, 아마존은 〈반지의 제왕〉 속편, 〈더 보이즈〉 같은 독자적 콘텐츠에도 넷플릭스나 디즈니 이상으로 투자하고 있다. SK텔레콤의 옥수수oksusu와 지상파의 푹pooq이 합친 한국의 웨이브는? 미안하지만 역부족일 수밖에 없다.

흥미로운 점은 이 같은 동영상 서비스도 아마존 프라임 서비스를 활성화하기 위한 일환에 불과하다는 점이다. 그렇다면 도대체 무엇을 목표로 하고 있다는 말인가? 하늘과 우주란다. AWS Amazon Web Service를 통해 클라우드 컴퓨팅에서는 선두의 입지를 굳혔으니, 이제 드론 배송과 공중 물류창고를 활용해 하늘을 장악하고, 여세를 몰아 우주로 간다는 계획이다. 자회사인 블루오리진은 블루문이라는 달 착륙선과 로버라는 달 탐사 차량을 이미 공개한 바 있다.

이런 아마존을 두고 경제 월간지 〈포브스〉는 다음과 같이 말했다. "혁신하지 않으면 혁신에 휩쓸리게 된다". 틀렸다. 나는 이 말을 고쳐서 다음과 같이 말한다. "스스로를 부정하고 오늘의 자신을 뛰어넘지 않으면 내일은 없다." 혁신은 기본에 불과한데, 그 당연한 기본을 강조하는 건 틀렸다는 말이다.

우리의 미래와 기회

아마존의 힘*

미국의 도시를 다니다 보면 대형 쇼핑몰 혹은 쇼핑 구역을 만나게 된다. 그 쇼핑몰의 가운데에 대개 큰 백화점이 자리 잡고 있다. 그런데 그 백화점들이 하나둘 문을 닫고 있다. 짐작하는 바와 같이 아마존 때문이다. 미국의 소비자들은 저렴한 가격으로 편리하게 물건을

---

* 필자의 책, 『제4차 산업혁명』, 제2부에서 필자가 분석한 글을 수정 인용하였음.

살 수 있는 아마존을 거부할 이유를 찾지 못한다. 넓은 땅 때문에 배달에 많은 시간이 걸릴 텐데, 왜 배송시간이 필요한 아마존을 이용하느냐는 질문이 나올 수 있다. 아마존의 초기에는 이런 질문이 타당했다. 하지만 대규모의 물류창고가 건설된 이후로는 쓸데없는 걱정이 되었다. 아마존 프라임 서비스를 이용하면 어떤 물건이든 다음 날 받아볼 수 있게 되었기 때문이다.

문제가 없는 건 아니다. 이런 아마존 때문에 메이시 같은 백화점이 문을 닫고, 토이저러스 같은 장난감 전문점도 문을 닫았다. 메이시나 토이저러스가 문을 닫으면 큰 쇼핑몰의 한 가운데가 빈자리로 남게 되는데, 그 큰 상업지역을 새로 임차할 사업체가 없다. 어떤 일이 벌어질까? 아마존은 나날이 번창하지만, 지역사회의 쇼핑몰은 상대적으로 위축된다. 상권이 점점 죽어가는 것이다. 미국의 중소도시 어디에서나 이런 현상을 자주 목격할 수 있다.

아마존의 힘은 정말 대단하다. CES 2020에서는 아마존의 힘을 다른 형태로 목격할 수 있었다. CES 2020에서 헬스케어 신제품을 소개하는 부스를 다니다가 마음에 드는 제품을 발견했다. 그래서 "이 제품을 판매하는 상점이 어디에 있느냐?"고 물었더니 돌아오는 대답은 "아마존에 있다."였다. 한두 번 경험한 게 아니다. 신제품 구입에 관한 질문을 던질 때마다 돌아오는 답은 똑같았다. 아마존에서 구입하란다. 그러니 아마존은 단순한 전자상거래 업체가 아니다. 일종의 플랫폼이다. 모든 물건이 거쳐 가는, 아마존을 거치지 않고서는 물건을 사거나 팔 수 없는, 없어서는 안 될 '상품의 정류장'이 된 셈이다.

아마존은 단순히 상품 중개 플랫폼도 아니다. 제4차 산업혁명의 모든 부분에 직간접적으로 관여하고 있다. 아마존이 CES 2020에 새로운 제품을 전시하지는 않았지만, 자신들이 관여하는 협력업체들을 거론함으로써 영향력을 과시하고 있었다. 기아, BMW 등 수많은 자동차 업체와 자율주행차에 관한 협업을 하고 있었고, 엑손 모빌과 같은 석유업체, 파나소닉과 같은 전자업체와도 협업을 진행하고 있었다. 모두 아는 바와 같이 아마존은 콘텐츠 분야, 전자산업 분야, 자율주행차 분야에서도 무시할 수 없는 강자다. 도대체 어디까지 그 영역을 확장하려는 것인가?

우리에게 미래는 있는가 1 : SK의 사례[*]

"새로운 게임을 하려고 한다면, 비즈니스 모델 혁신을 하려고 한다면, 미안하지만 기존에 들어갔던 리소스resource, 자원를 3년 안에 다 없애겠다, 거의 이 정도의 생각을 해야 한다."

SK 최태원 회장의 말이다. 조금 놀랐다. 처음 들었을 때는 어느 벤처기업의 리더가 각오를 밝힌 말로 알았다. SK 같은 대기업의 회장이 이런 말을 하다니.

---

[*] 판가위 쾌, 『제4차 산업혁명』, 제4부에서 필자가 분석한 글을 수정 인용하였음.

하지만 이 정도의 인식이 그리 놀랄 만한 것은 아니다. 세계의 경제사를 돌이켜 보면 변화에 적응하지 못해 망하거나 도태한 기업들이 한둘 아니기 때문이다. 정말 놀란 건 그가 다음과 같은 말을 했을 때다.

"우리가 아주 크게 변하지 않는다면, 3년 안에 새로운 성장 동력을 만들지 않는다면, 유형 자산이 없는 기업의 하청업체로 전락할 수 있다."

그가 말한 '유형 자산이 없는 기업'이란 플랫폼 기업이다. 구글, 아마존, 페이스북이 대표적이다. SK하이닉스가 지금 아무리 잘 나간다고 하더라도, 제4차 산업혁명 시대의 시장과 경제의 변화에 적응하지 못한다면, 구글에 반도체를 납품하는, 구글의 구매 결정에 목숨을 걸 수밖에 없는 기업으로 전락하고 만다. 반도체를 팔기 위해서는 아마존과 손을 잡고 아마존에 판매를 의뢰하거나 구걸해야 할지도 모른다. 반도체 기업이 그럴진대 석유화학과 같은 중후장대 산업은 더 말할 필요조차 없다. 플랫폼 기업의 중요성을 알고, 기업 자체의 근본적인 변화deep change를 요구한 건 정말 제대로 된 통찰력이다.

그러니 묻는다. 우리에게는 이런 플랫폼 기업이 있는가? 혹은 이런 플랫폼을 만들기 위해 노력하는 기업이 있는가?

우리에게 미래는 있는가 2 : 삼성과 LG의 사례(CES 2020을 중심으로)*

삼성과 LG. CES 2020에서 유달리 돋보였던 기업들이다. 조금 과장되게 표현하면 'CES의 관객동원을 이 두 기업이 담당한 게 아닌가?' 착각이 들 정도였다. 관객들의 이목을 끈 것은 이 두 기업이 전시한 대형 TV 혹은 QLED와 OLED로 대표되는 디스플레이 기술이었다. 〈그림 5〉에서 보는 바와 같이 삼성은 벽 전체를 화면으로 채운 '더 월The Wall'을 선보였다. LG는 전시관 부스 입구에 동굴을 만들고, 그 동굴의 표면에 굴곡진 디스플레이를 설치하였다. 시시각각으로 변하는 디스플레이는 관객의 시선을 사로잡기에 부족함이 없었고, 부스 안으로 들어가기조차 쉽지 않을 만큼 사람들로 북적였다.

중국 기업들은 어땠을까? TCL, 화웨이, 창훙 등 중국 기업들도 만만치 않은 규모로 삼성과 LG와 비슷한 제품들을 선보였지만, 관객들의 관심을 그다지 끌지 못했다. 그렇긴 해도 삼성과 LG 부스에 전시된 제품들과 비슷한 제품들이 전시되어 있었고, 일부 제품은 삼성, LG와 비교해도 손색이 없었다. 중국 제품들의 이 같은 경향은 시간이 흐를수록 점점 더 강화될 가능성이 크다. 중국 기업이 한국 기업을 추격하고 있다는 사실은 더 이상 비밀이 아니기 때문이다.

여기서 한 가지 질문. 제4차 산업혁명이 다가오는 지금, 삼성과 LG는 무엇을 목표로 기업을 운영하고 있을까? 수많은 관객의 환호를 받으며 CES 혁신상을 수상하는 정도로 만족해도 되는 걸까?

---

* 필자의 책 『제4차 산업혁명』, 제4부에서 분석한 글을 수정 인용하였음. CES 2020에 참가한 삼성과 LG의 제품과 전략을 살핀 뒤 그 소감을 기록한 글이다.

〈그림 5〉 CES 2020에 출품된 삼성의 더 월(위)과 LG의 동굴 디스플레이(아래)

애플은 CES에 부스를 열지 않았다. 구글은 전시장 외부에 '헤이 구글Hey Google'이라고 적힌 대형 천막을 치고, 음성인식이 전자 제품에 어떻게 사용되는지 체험하는 장소를 만들었다. 아마존은 어땠을까? 자신들과 협력하는 기업체들을 나열하고, 알렉사Alexa(아마존에서 개발한 인공지능 플랫폼)가 람보르기니를 콘트롤한다는 점을 강조하고 있었다. 애플, 구글, 아마존이 어떤 기업인지는 모두 알고 있다. 삼성, LG보다 부스를 작게 열거나 아예 열지 않았다고 해서 이들을 삼성, LG보다 못하다고 할 수 있을까? 당연히 그렇지 않다.

조금 단순화시켜 말하면, 삼성과 LG는 디스플레이와 스마트폰, 가전제품 등 하드웨어를 만드는 회사다. 물론 그 하드웨어의 품질 때문에 소비자의 이목을 끌고 있지만, 그걸로 충분할까? 애플의 사례를 보자. 주지하는 바와 같이 삼성이 세계 스마트폰 시장 점유율 1위를 차지하고 있지만, 수익에 관한 한 애플이 압도적인 1위를 차지하고 있고, 삼성은 한참 뒤진 2위를 차지하고 있을 뿐이다. LG는 언급하기조차 어렵다. 구글은 어떤가? 구글이 제공하는 안드로이드 운영체제가 아니고서는 삼성과 LG 두 기업 모두 스마트폰을 만들기 어렵다. 아마존은 어떤가? 이 플랫폼 기업은 오프라인의 모든 유통업을 잡아먹을 기세다. 미국의 블랙 프라이데이에 삼성과 LG의 가전제품이 가장 많이 팔리는 통로가 바로 아마존이다.

애플, 구글, 아마존은 삼성, LG처럼 유형적인 제품을 만드는 기업이 아니라, 이미 만들어진 제품에 새로운 부가가치를 만드는 소프트웨어 기업들이다. 애플이 왜 소프트웨어 기업이냐는 의문이 들 수 있다. 아이폰, 아이패드, 맥북 등의 하드웨어 제품 때문이다. 그러나 애플 제품들이 소비자의 환호를 받는 이유를 고려하면, 애플을 단순히 하드웨어 기업으로 보기는 어렵다.

다시 돌아간다. 삼성과 LG는 향후 어떤 방향으로 나아가야 할까? 삼성이 소프트웨어 개발에 노력을 기울이지 않은 건 아니다. '타이젠'이라는 독자적인 스마트폰 운영체제를 개발하기도 했다. 하지만 성공적이지 못했다. 삼성은 현재 압도적 우위를 가지고 있는 반도체의 경쟁력을 계속 유지해 나가야 한다. 그러나 제4차 산업혁명이 성숙기에 접어들면 반도체 역시 일반적인 부품에 그칠 가능성이 매우 크다. 예를 들어 자율주행차 초기에는 그 안에 들어가는 센서 때문에 반도체가 각광을 받을 수 있지만, 보급이 본격화되어 자율주행차가 보편화 되면 그 센서가 더 이상 중요하지 않을 수 있다. 기술이 보편화 되기 때문이다. 그때부터 본격적인 수익은 자율주행차에 콘텐츠를 제공하는 기업의 몫이 될 수밖에 없다. 구글, 애플, 아마존이 바로 그들이다. 그러면, 미안한 말이지만, 재주는 삼성과 LG가 부리고 돈은 이들이 벌게 된다.

삼성과 LG. 한국을 대표하는 이들 기업은 현재의 사업 방향을 그대로 유지하되(필요하다면 여기에도 의문을 제기할 필요가 있다), 운영 방법에 변화를 줄 필요가 있다. 분사와 벤처기업의 활성화가 그것이다. 삼성은 이미 사내 벤처와 사외 벤처를 활성화하고 있으며, CES

2020의 유레카파크에 이들 벤처기업이 개발한 제품을 전시하기도 했다. 하지만 그 양과 질, 규모가 부족한 것이 사실이다. 이 같은 분사와 벤처 활성화가 구색 맞추기가 아니라면, 때에 따라 이들 벤처기업에서 개발한 제품으로 삼성의 미래 진로를 변경할 수도 있어야 한다. 묻고 싶다. 과연 그렇게 할 준비가 되어 있는가? 삼성의 모든 것을 바꿀 각오가 되어 있는가? LG는 삼성보다 더 큰 각오로 사업 방향과 운영 방법을 고민해야 한다. 지금, 삼성과 LG가 만드는 모든 제품을 머지않아 중국 기업들이 만들게 될 것이기 때문이다. 그러니 소리 나지 않게, 소리를 내지 않으면서 강해야 한다.

5부

대한민국을
돌아보다

1. 직업, 일자리의 문제

COLUMN_ **공포에 빠지지 마라**

"인공지능의 등장으로 2030년에는 전 세계 20억 명의 일자리가 사라질 것이다"

미래학자 토마스 프레이Thomas Frey의 말이다. 하지만 별로 실감이 가지 않는다. 예측에 불과하고, 전 세계를 대상으로 하기 때문이다. 그렇다면 이건 어떤가? 현대자동차가 미래에도 생존하기 위해서는 5만 명 수준인 국내 인력을 2025년까지 최대 2만 명 줄여야 한다. 최근 현대자동차가 요청한 외부자문위원회의 권고다. 5년 안에 현대자동차에서만 최대 2만 명의 실업이 발생할 수 있다는 뜻이다. 이제 피부에 와 닿는가? 인공지능, 로봇, 자율주행차, 친환경 자동차의 등장이 배경이다.

시야를 조금 넓히자. 프레카리아트precariat. 무슨 말인가? '불안정하다precario'는 말과 '프롤레타리아트'를 합친 말이다. 10여 년 뒤, 인공지능을 장착한 플랫폼이 지배하는 사회에서 밑바닥으로 내몰린 비생산적인 계층을 말한다. 경제학자 가이 스탠딩Guy Standing이 증가하는 빈부 격차와 이로 인한 불안정한 사회구조에 대한 경각심을 일깨우기 위해 만든 말이다. 하지만 이 역시 실감이 가지 않는다. 인공지능이 위험하다지만 그건 나와 관계없는 일이 아닌가? 아니다. 세계는 이미 삐걱거리고 있는데, 단지 그 소리를 듣지 않으려 할 뿐이다.

우선 실업은 더 이상 남의 일이 아니다. 인공지능의 확산으로 새로운 직업이 만들어질 수는 있다. 그걸 인정하더라도 기존 직업이 사라지는 속도가 새로운 직업이 만들어지는 속도보다 더 빠르고, 새로운 직업에 적응하기 위해서는 교육과 훈련도 필요하다. 만약 새로운 직업이 만들어내는 일자리가 생각보다 많지 않다면? 불평등. 그것도 심각한 사회적 불평등이 발생할 것이다. 플랫폼과 인공지능을 장악하고 활용할 수 있는 소수의 인구, 소수의 기업에 의해 독점이 강화될 테고, 그러면 지금도 심각한 불평등이 확대될 수밖에 없다. 프레카리아트의 발생이 아주 먼 미래의 일만은 아니라는 것이다.

오카시오 코르테스. 바텐더 출신의 미국 역대 최연소 하원의원이다. 좌파의 '원더우먼'이니, 우파에 대한 '사악한 미녀'니 하는 표현은 무시하자. 중요한 것은 코르테스가 가리키는 밀레니얼 사회주의다. 그린 뉴딜(화석연료 사용 제로), 모두를 위한 의료보험, 소득과 부의 급진적 재분배가 주요 지향점이다. 놀라운 것은 인공지능을 위시

한 제4차 산업혁명이 가장 발전한 자본주의의 성지聖地, 바로 그 미국에서 소득과 부의 급진적 재분배를 소리 높여 외쳤고, 바로 그 덕분에 최연소 하원의원이라는 타이틀을 얻었다는 점이다. 일시적 흐름일까? 그렇지 않다. 미국의 대통령 후보로 주목받는 앤드루 양 역시 인간적 자본주의를 외치며 이 흐름에 동참하고 있다. 코르테스와 앤드루 양이 공통으로 내세우는 공약이 바로 '기본소득'이다. 직업의 유무와 관계없이 최소한의 소득을 보장해 주어야 한다는 것이다. 여기서 프레카리아트라는 단어가 떠오른다면 지나친 상상일까?

EU는 최근 'AI, 직업의 미래'라는 보고서를 내면서 '공포에 빠지지 말라'라는 말로 서두를 시작했다. 역설적으로 공포일 수밖에 없다는 것이다. 먼 나라 이야기가 아니다. 지금 준비를 시작해야 한다. 현대자동차와 같은 대기업이 2만 명을 감원하고, 그것이 사회적 문제가 되어야 비로소 공론화를 시작할 것인가? 인공지능의 개발과 활용도 중요하지만, 그로 인한 사회적 변화에 대처하는 준비는 더 중요하다. 가까이에서 변화가 우리를 기다린다.

사라져가는 일자리

'현대자동차, 2만5천 명 인력 감축'
5년 뒤 어느 날, 신문 1면에 이 같은 기사가 나온다면 사람들은 어떤 반응을 보일까? 그럴 리 없다고? 현대자동차가 요청한 외부자문위원회의 권고 사항이다. 물론 외부자문위원회의 예측이 전적으로 옳다고 할 수는 없지만, 필자는 이 권고에 동의한다. 오히려 지나치게 보수적인 권고가 아닌가 의심한다. 미래의 변화를 예측하는 일은 보수적인 태도를 취하기 쉽기 때문이다.

인구 1만 명 당 산업용 로봇 보급 대수를 보면, 한국이 싱가포르 다음으로 2위를 차지하고 있다. 산업현장에서 사람이 점점 사라진다. 인공지능이 발전할수록 산업현장의 로봇이 서로 연결되어 더더욱 사람을 필요로 하지 않게 될 것이다. 앞에서 이런 우울한 상태를 프레카리아트라는 말로 표현했다. 불안정한 프롤레타리아트라는 의미다. 문제는 이 계층의 비중이다. 지금 같은 20:80 혹은 10:90이 아니라, 비관적인 견해에 따르면 0.1:99.9가 될 수 있다고 한다. 프레카리아트는 당연히 99.9에 속한다.

어떻게 살아갈 수 있을까? 밀레니얼 사회주의의 주장을 검토하고, 기본소득의 타당성을 점검해야 할지 모른다. 문제는 머뭇거릴 때가 아니라는 점이다. 한 나라의 경제에서 가장 민감한 직업과 일자리의 문제에서 전대미문의 사태가 벌어질 수 있다.

문재인 정부는 비정규직을 정규직으로 전환하고 재정을 풀어 단기 일자리를 만드는 데 집중하고 있다는 비판을 받고 있다. 정말 그럴까? 〈표 6〉은 최근 5년간 일자리 추이를 나타낸 것이다. 이 표에서 보는 것처럼 상용근로자 수가 지속적으로 증가하는 한편, 임시·일용근로자 수는 점점 감소해 왔다. 그 결과 총 근로자에서 상용근로자가 차지하는 비율이 2015년 65.5%에서 2019년 69.5%로 증가하였고, 임시·일용근로자 비중은 34.5%에서 30.5%로 감소했다.

정규직과 상용근로자의 정의가 반드시 일치하는 것은 아니지만, 적어도 비정규직을 정규직으로 전환하는 정책이 어느 정도 효과가 있었음을 알 수 있다. 또, 재정을 풀어 노인과 취약계층을 위한 단기 일자리를 만드는 데 집중해 왔다는 비판은 그렇지 않을 수도 있음을 시사한다. 임시·일용근로자 숫자가 감소하고 있기 때문이다.

문제는 상용근로자 수의 증가가 앞으로 다가올 일자리 문제의 해결책이 될 수 없다는 점이다. 어느 순간 경제의 변곡점이 바뀌면 현대자동차의 사례에서 보는 바와 같이 대량 해고가 현실로 다가올 수

〈표 6〉 상용근로자와 임시·일용근로자 변동 추이(단위 : 만 명, %)
*상용근로자, 임시·일용근로자 비율은 임금근로자 대비

	2015년	2016년	2017년	2018년	2019년
상용근로자 수	1272	1306	1343	1377	1422
임시·일용근로자 수	669	661	651	631	622
상용근로자 증가 수	40	34	37	34	45
임시·일용근로자 증가 수	5	-8	-10	-20	-9
상용근로자 비율	65.5	66.4	67.4	68.6	69.5
임시·일용근로자 비율	34.5	33.6	32.6	31.4	30.5

주: 통계청, '경제활동인구조사'를 바탕으로 김성한 〈머니투데이〉 2020년 1월 30일의 기사를 재인용.

있다. 그러니 말한다. 2~3년의 실업률과 상용근로자 수에 일희일비할 것이 아니라, 최소한 5년, 가능하면 10년 동안의 산업변화를 내다보면서 일자리 문제를 걱정해야 한다.

2. 남북협력, 시장의 문제

아, 시간이 너무 없다 (2019. 10. 4)

피 같은 내 돈을 돌려다오. 독일 국채 10년물 금리와 관련된 DLS로 한바탕 난리가 났다. 유럽에서 가장 잘 나가는 독일의 국채 금리가 -0.25%까지 떨어지지 않으면 연 4%를 지급하겠단다. 국채 금리는 보통 마이너스로 떨어지지 않으니 정말 안전한 투자. 하지만 그 밑의 작은 조건은 누구도 눈여겨 보지 않았다. 금리가 -0.25% 밑으로 떨어지면 0.01% 당 2.5%의 손실이 나고, -0.65%까지 가면 전액 손실이다. 2019년 8월 말 그 금리가 -0.67%까지 떨어졌다.

마이너스 금리란 은행에 돈을 맡기면 이자를 받는 것이 아니라, 찾을 때 오히려 수수료를 줘야 한다는 것을 말한다. 상식적으로 납득하기 쉽지 않다. 하지만 놀라지 말자. 전 세계 거래 가능한 국채의 1/3이 마이너스 금리이고, 마이너스 금리로 발행된 채권이 16조

7000억 달러(블룸버그, 2019년 8월)에 달한다고 한다. 세상에 어찌 이런 일이 일어나는가? 모두들 금리 인하를 예상하기 때문이다. 금리가 내려가면 채권값이 올라가기 때문에 그 차익을 노리는 것이다. 그런데 정말 금리가 내려갈까? 미국의 트럼프 대통령은 FED에 기준 금리를 마이너스로 내리라고 줄기차게 요구하고 있다. 유럽의 중앙은행 ECB는 돈을 예치할 때 주는 예치 금리를 -0.4%에서 -0.5%로 낮추었다. (2019년 9월)

왜 이런 마이너스 금리가 줄줄이 나타나는가? 세계 경제가 어렵기 때문이다. 독야청청하던 미국도 제조업 구매자 관리지수PMI가 10년 만에 최저수준인 50을 기록했고, 독일은 그보다 낮은 41.7(2019년 9월 확정치)을 기록했다. 미·중 무역전쟁으로 미국과 중국이 주춤하고, EU의 독일과 영국(브렉시트가 문제다)이 흔들리고, 아베노믹스의 효과가 사라진 일본도 비명을 지르면 무슨 일이 발생할까?

-0.4%. 한국의 2019년 9월 물가다. 사상 첫 공식 마이너스다. 물가가 떨어지면 좋을까? 만약 계속해서 물가가 떨어지면 사람들은 물건을 안 사고, 물건이 안 팔리니 생산도 줄어든다. 그 결과 공장은 문을 닫고 실업은 증가한다. 디플레이션이다. 제비 한 마리로 봄이 오지 않는 것처럼 마이너스 물가가 디플레이션을 의미하지는 않는다. 그러나 정책적 준비는 해야 한다. 한국 역시, 다른 나라와 비슷하게 금리를 내리고 재정을 확대해야 한다. 줄어든 내수를 정책적으로 지탱해야 한다는 말이다.

여기서 묻고 싶다. 단기적으로 이런 정책으로 버틸 수 있을지 모르지만, 장기적으로는 어떻게 해야 하나? 산업구조 조정이니 산업경쟁력 강화니 벤처 활성화니 하는 케케묵은 단어를 꺼내지는 말자. 비관적으로 들릴지 모르나 독일, 중국, 미국, 일본이 기침만 해도 독감에 걸리는 이 대외지향적인 허약한 경제체질에 무슨 미래가 있는가? 케인스나 폴 크루그먼을 능가하는 경제학자가 온다 해도 남북으로 갈라져 섬처럼 고립된 이 작은 경제의 미래를 어떻게 설계하겠는가?

어떻게 하면 좋을까? 오해를 무릅쓰고라도 묻고 싶다. 남북한이 공존하는 평화경제가 왜 답이 되어서는 안 되는가? 남북한이 실질적인 단일 시장이 될 수 있다면, 그것이 왜 해결책이 될 수 없는가? 8000만 명에 가까운 단일 시장이 만들어진다면 중소기업 시장은 지금보다 훨씬 더 살아날 수 있지 않은가? 대기업은 두 말할 필요 조차 없다. 그렇게만 된다면 해외 여건에 휘둘리지 않고 내수만으로도 '기본은 하는' 경제가 만들어진다. 그 평화경제로 가는 길이 얼마나 험난한지 알지만, 지금 기회의 문이 열리고 있지 않은가?

더 큰 어려움이 오기 전에 툴툴 털고 정신을 차리자. 내부에서 치고받는 싸움은 이 정도에서 그치고 남북한 평화경제의 길을 모색하자. 순간의 선택이 평생을 좌우한다지만, 지금의 선택이 우리의 100년을 좌우한다. 아, 시간이 너무 없다.

남북협력과 시장의 확대

앞의 칼럼은 독일 국채의 마이너스 금리와 관련된 DLS 문제로 시작되지만, 그 끝은 마이너스 금리와 관련한 시장의 불안정성을 넘어설 수 있는 근본적인 지향점으로 귀착된다. 이는 한국이 단기적으로 금리를 조정하거나 중기적으로 산업구조를 조정해야 하겠지만, 장기적으로는 시장을 확대할 수 있는 근본적인 조치를 취해야 한다는 뜻이다. 장기적으로 시장을 확대할 수 있는 근본적인 조치란 무엇일까? 앞서 지적한 대로 남북 경제협력에 의한 사실상의 시장 확대를 말한다.

남북협력. 이 말이 너무 모호하다면 남북한 시장 통합으로 하면 어떨까? 차라리 꿈에도 소원인 통일로 하면 어떨까? 잘 알고 있다. 이런 주장에 동의하지 않는 사람도 많고, 우리의 주적인 북한과 어떻게 협력이란 말을 사용할 수 있느냐며 반감을 드러내는 사람도 있을 수 있다. 그저 상식적으로 이 남북협력이 왜 필요하고, 왜 불가피한지만 하나하나 설명하고 싶다.

첫째, 인문학 혹은 역사학적 관점이다. 세상 모든 합쳐진 것은 나누어지고, 나누어진 것은 다시 합쳐진다. 시간이 흐르면서 차원을 달리해 이런 현상이 반복된다. 변증법이라는 서구의 철학을 빌릴 필요도 없다. 회자정리會者定離, 만나는 사람은 반드시 헤어진다는 사자성어로도 충분하지 않을까? 중국의 역사를 봐도 나누어지고, 합쳐지고, 다시 나누어지고, 합쳐지는 과정의 반복이 아닌가? 반만년 역사의 이 한반도 영토가 나누어지고 합쳐지는 것. 이 역시 역사의 순리다. 다만 우리가 그때를 모를 뿐이다. 그리고 그때를 당기려고 노력하는 것이 이 시대를 사는 한국인의 소명이 아니겠는가?

둘째, 경제학적 관점이다. 개도국이 경제성장을 하기 위해서는 두 가지 중 하나를 택해야 한다. 수출지향적 경제성장 혹은 내수지향적 경제성장이 그것이다. 한국은 1960년대 이후 일관되게 수출지향적 경제성장 정책을 시행해왔고, 그 결과는 매우 성공적이었다. 하지만 한국의 이런 성공을 뒷받침한 것은 당시의 자유무역주의적 국제무역 질서였다. 당시의 국제무역 환경이 개도국의 성장과 수출을 용인하는 분위기가 아니었다면 한국의 정책이 성공하기 어려웠을 것이다. 개도국이 수출을 하기 위해서는 선진국이 개도국의 수출을 받아주는 분위기가 있어야 하는데, 당시에는 이런 개도국의 수출에 매우 호의적이었다는 것이다. 지금은 어떨까? 한국이 세계 6~7위의 무역대국으로 성장했지만, 선진국은 한국과 같은 신흥국 혹은 초기 선진국의 수출에 그리 호의적이지 않다. 걸핏하면 무역규제 카드를 내밀고, 관세를 인상하고, 심지어 보복조치를 취하기도 한다. 브라질이나 인도 같은 중진 개도국도 선진국의 이런 조치를 따라 한다.

결론을 말하자. 이제 한국은 과거와 같은 수출지향적 방식으로 경제를 성장시키기 어려운 환경에 놓여 있다. 7% 이상이던 성장세가 2~3%에 머물고 있고, 외부에서 악재라노 너지면 금융시장이 요동을 친다. 세계 경제 위기가 발생하면 한국의 원화는 슬프게도 종이 취급을 받는다. 금융시장의 불안정성은 실물경제로 이어지고, 다시 수출에 영향을 미치는 악순환을 거듭하게 된다. 그러니 지금 한국은 수출지향적 성장정책을 보완하는(포기하기는 어렵다) 새로운 성장정책이 필요하다. 그것이 바로 내수지향적 성장정책이다. 수출이 어렵다면 내수를 촉진해서라도 부족한 성장을 보충해야 한다. 많은 비판을 받고 있기는 하지만, 소득 주도 성장정책도 기본적으로는 이 내수지향적 성장정책과 관련이 있다.

쉽게 말하자. 인구 5000만 명으로는 새로운 제품과 시장의 개발이 어렵다. 그렇다. 남아 있는 시장은 인구 3000만 명의 새로운 시장, 즉 북한이다. 북한과의 협력이 순조롭게 진행된다면 한국의 경제성장을 위한 새로운 돌파구가 될 수 있다. 남북협력을 추진하지 말아야 할 이유가 있는가?

미국이 반대하고, 일본이 훼방하고, 중국은 딴짓하고, 러시아는 손짓하는데 어떻게 협력을 추진할 수 있겠느냐는 반론이 나올 수 있다. 조금 단순해지고, 조금 현명해지자. 우리의 운명은 우리가 만든다는 단순한 마음을 가지고 미국은 설득하고, 일본은 압박하고, 중국은 지켜보게 하고, 러시아는 목마르게 하는 현명함을 가지자.

3. 공정, 불평등과 사회적 기회의 문제

COLUMN_ **강남, 해운대 그리고 박쥐**

"해운대 vs 강남 50평 아파트 승부는?"

수도권 3기 신도시 계획이 발표될 무렵, 인터넷에서 마주한 엉뚱한 제목의 글이다. 호기심을 자극하는 글이지만 결과는 너무나 뻔한 것 아닌가? 역시 "강남은 강남이다"라는 글로 끝난다. 해운대의 화려한 바다 조망도 서울 강남에는 비할 바 아니라며 은연중 드러내는 자부심. 씁쓸하다. 하지만 그 자부심을 이해한다면, 강남 집값을 잡기 위해 발표한 3기 신도시 때문에 집값이 폭락한다고 아우성치는 2기 신도시 주민들, 특히 운정과 검단 주민들의 심정도 이해 못 할 바 아니다.

엄청나게 비싼 강남 아파트, 2기 신도시 주민들의 집값 아우성, 강북과 강남, 지방과 수도권의 터무니없는 집값 격차. 이 모든 문세는 어느 한 정부, 어느 한 정권에게 잘못을 돌릴 수 있는 문제가 아니다. 현 정부의 부동산 정책, 이해는 하지만 집값 안정에만 초점을 맞춘 정책은 응급 처방에 불과하다. 징벌적 성격까지 가진 보유세와 양도세의 강화, 수요 억제를 위한 금융권 대출 억제만으로 풀릴 수 있는 문제가 아니라는 것이다. 해법은 너무 쉽다. 강남 이상 가는 주거환경을 갖춘 지역을 전국적으로 만드는 것. 너무 단순한가? 말해보라, 그 이상의 해법이 있는가? 문제는 누가 오랜 시간 동안 온갖 비판을 들어가며 고양이 목에 방울을 달려고 하느냐는 것이다.

지역 균형 발전계획이 발표될 때, 드디어 고양이 목에 방울을 달기 시작하는 줄 알았다. '느리더라도 언젠가는' 하고 기대했다. 세종시 계획이 발표될 때도 그 계획의 연장선인 줄 알았다. 하지만 그것은 서울 수도권이 세종시까지 광범위하게 연장된 것 그 이상도 그 이하도 아니었다. 서울과 부산을 하루 만에 오갈 수 있는데, 세종시까지 수도권에 포함하는 게 차라리 바람직하지 않으냐는 말에는 그냥 난감하다.

서울에서 부산에 내려온 지 17년. 머리로만 이해하던 서울과 지방의 격차를 가슴으로 이해한다. 서울에 있는 지인들에게 이런 말을 하면 돌아오는 말은 대동소이하다. "왜 지방은 스스로 노력하지 않느냐"고. 부산의 지인들에게 이런 말을 전하며 지역 발전에 대한 아이디어를 내면 돌아오는 답은 이렇다. "서울에 살던 사람이라 지역의 실정을 모른다"고. 역설적이지만 둘 다 이해한다. 그러나 대한민국의 '이중적' 경제구조를 알고 나면 서울의 지인들이 틀렸다는 생각을 금할 길이 없다. 왜 대한민국은 지역이 스스로 발전할 기회를 '구조적으로' 제공하지 않을까?

김해 신공항 문제가 부산, 울산, 경남 지역의 뜨거운 화두로 등장했다. 한 보도에 따르면 대구·경북 지역과 수도권 주민의 절반 이상이 동남권 관문 공항의 필요성을 인정한다고 한다. 그리고 이에 대한 총리실의 검증이 시작되었다. 이번에는 이 문제가 해결될까? 나는 이 분야 전문가가 아니니 그 경제적 의의만 간략히 말한다. 육해공陸海空을 아우르는 물류체계가 갖추어질 때, 그 경제적 시너지는 상상 이상이다. 또 있다. 서울과 사실상 대척점에 있는 부·울·경 지역에 관문 공항이 들어설 때 10년 넘게 외쳐댄 지역 균형 발전 완성을 향한 첫걸음이 시작될 수 있다.

서울에서는 지역 사정을 설명하고, 지역에서는 서울과 대한민국의 발전 방향을 설명한다. 내가 생각해도 '어느 편도 아닌 박쥐' 같다. 하지만 그런 말을 들을지라도 이 작은 대한민국이 너나 할 것없이 함께 행복할 수 있는 길을 찾을 수 있다면 그것으로 좋다. 한 가지만 더. 그렇게 된다면 최소한 강남과 해운대는 같은 가치를 가져야 하는 것 아닌가? 해운대의 바다 조망이 어찌 한강 조망보다 못하단 말인가?

부와 사회적 기회의 불평등

불평등의 문제 : 아파트, 이놈의 아파트

한국 사회에서 아파트는 어떤 위치를 차지하는 것일까? 이 질문에 대한 답은 그리 어렵지 않다. 아파트는 단순한 주거공간을 넘어 자산을 불리는 수단, 자신의 신분을 나타내는 상징으로 기능하고 있다. 쉽게 말하자. 서울 강남에 아파트를 가지고 있다면, 대한민국에서 적어도 경제적으로 중상층에 속하는 것이고(틀렸다. 최상층이라고 해야 한다), 어디 가서든 목에 힘주고 자신이 사는 곳을 드러낼 수 있다. 더 솔직히 말하자. 강남에 평당 1억에 가까운 아파트 한 채만 가지고 있어도, 적절히 처분만 하면 그냥 노후가 보장되는 셈이다.

누가 아파트 가격을 이렇게 오르게 했을까? 노무현, 이명박, 박근혜, 심지어 문재인 정부에 책임을 묻는 것은 온당하지 않다. 물론 건설 부문을 경기조절 수단으로 삼아, 집을 사라고 부추기는 잘못된 정책을 시행한 정부에 일련의 비판을 가할 수는 있다. 하지만 근본적인 문제는 모두가 살기 원하는 강남 아파트의 공급은 제한되어 있는데, 거기에 살기를 원하는 수요는 많다는 데 있다.

다시 말하자. 서울의 강남만큼 도시 인프라와 문화시설, 생활시설이 잘 되어 있는 곳은 없다. 서울의 강남은 미국, 프랑스 등 선진국의 어느 도시와 비교해도 뒤떨어지지 않는 사회기반 시설을 가지고 있다. 쉽게 말해 살기 좋고 편하다. 문제는 그 좁은 지역의 아파트 공급이 제한되어 있어서, 입주하려는 사람들이 다투어 높은 가격을 지불하려 한다는 점이다.

강남의 아파트 가격이 비싼 또 한 가지 이유가 있다. 오랫동안 저금리로 시중에 풀린 돈은 매우 많은데, 그 돈이 갈 데가 없기 때문이다. 자본주의 사회에서 돈은 수익이 나는 곳으로 몰릴 수밖에 없는데, 주식을 비롯한 금융시장에서 충분한 수익이 나지 않으니 상대적으로 높은 수익이 보장되는 강남의 아파트로 수요가 몰리는 것이다. 정리하자. 어디와 비교해도 살기 좋은 아파트의 공급은 제한되어 있고, 또 풀린 돈은 많으니 당연히 아파트 가격이 오를 수밖에 없다.

문제는 이렇게 비싼 서울, 그중에서도 강남의 아파트를 그대로 두어도 괜찮을까? 당연히 괜찮지 않다. 아파트 가격 상승은 그러잖아도 심화되는 서울의 강남과 강북, 수도권과 지방의 부의 불평등과 이에 따른 상대적 박탈감을 더 악화시키기 때문이다. 그래서 대한민국이 서울과 비서울, 서울과 지방으로 양분되고, 이는 다시 대한민국 사회의 일체감을 저해하는 요인으로 작용한다.

대한민국의 20~30대 청년층은 자기 월급을 모아서는 아파트를 살 수 없다는 사실을 이미 깨닫고 있다. 연봉 5천만 원을 받아서 평당 1억 원 하는 아파트를 어느 세월에 마련할 수 있다는 말인가? "이 놈의 세상…." 하는 말이 들리지 않는가? 청년층만이 아니다. 생업에 종사하면서 30~40년 열심히 살아온 사람이 이제 좀 쉬려고 주위를 돌아보니, 자신의 지방 아파트는 겨우 평당 1,000만 원을 오르락내

리락하는데, 저 강남의 아파트는 평당 1억 원에 육박한다는 사실을 알게 된다.

정부가 마냥 손을 놓고 있었던 건 아니다. 정부는 아파트 가격 상승을 막기 위해 보유세와 종합부동산세, 양도소득세를 인상했고, 다주택자 세금 중과 등 징벌적 성격의 세금도 순차적으로 도입했다. 이 정책들은 강남 아파트 가격 인상을 억제하기에 충분한가? 결론부터 말하면 그렇지 않다. 단기적으로는 세금 인상으로 인해 강남 아파트 수요가 줄어들고 가격 침체를 보일 수 있으나, 공급부족과 수요초과라는 현상이 해소되지 않는 한, 결코 강남 아파트 가격 상승을 막을 수 없다. 서울에 거주하는 사람뿐 아니라 지방에 거주하는 사람들도 자신의 노후를 위해 혹은 자산을 불리기 위해 강남 아파트 구입을 매우 현명한(?) 행동으로 생각하고 있기 때문이다. 공급을 늘리면 되지 않느냐고? 서울 강남이라는 제한된 지역에 어떻게 공급을 획기적으로 늘릴 수 있겠는가? 손쉬운 수단으로 거론되는 아파트 재건축 완화 정책은 중장기적으로 볼 때 아파트의 공급을 획기적으로 늘리는 수단이 되지 못한다. 오히려 단기적으로 강남으로의 수요를 집중시키는 역효과를 가져올 뿐이다.

그러면 어떻게 해야 할까? 앞서 언급했듯이, 전국에 강남 이상의 주거환경을 갖춘 지역을 만들면 된다. 칼럼에서도 지적했지만, 그 이상의 해결책이 있는가? 강남의 사회적 인프라와 생활여건이 어느 외국의 도시와 비교해서도 뒤떨어지지 않음을 이미 지적했다. 그런 사회적 인프라와 생활여건을 갖춘 지역을 전국적으로 건설하면 되지 않는가? 한국 실정에서 가장 바람직한 해결책은 수도 이전이다. 세종시로 수도를 이전하는 문제가 공론화되었을 때, 필자는 개인적으로 반대의견을 피력한 바 있다. 그건 수도 이전이 아니라 수도의 확장에 불과하다고 생각했기 때문이다. 지금 세종시가 수도는 아니지만, 세종시를 둘러싼 사회적 인프라와 생활여건이 서울을 닮아가고 있고, 수도권은 이제 세종시까지 확장되고 있다. 세종시는 조금만 지나면 서울 그리고 강남을 닮아가게 될 것이다.

2020년 1월. 달갑지 않은 뉴스를 접하게 되었다. 2019년을 기준으로 수도권 인구 2,593만 명으로, 비수도권 인구 2,592만 명을 넘어섰다. 이런 소식은 추세적으로 무엇을 의미할까? 지방 인구는 점점 더 수도권으로 몰리고 있고 그 추세는 변하지 않고 있다. 수도권으로 이주한 이 사람들 역시 살 곳이 필요하다. 수도권과 강남의 아파트값이 떨어질 것 같은가?

그러니 서울 강남의 아파트값은 단순한 아파트 가격 상승 문제가 아니라 대한민국이 직면하고 있는 부의 양극화, 사회적 양극화를 가장 잘 대변하는 하나의 지표다. 그러면 어떻게 해야 할까? 이미 지역균형발전 정책, 지방분권 정책은 용두사미에 그쳤다는 평가가 많다. 그렇다면 좀 더 과격하면서도 장기적이고, 장기적이면서도 과격한 정책이 필요하다.

수도를 이전하는 방안을 강구해야 한다. 세종시에 국회와 청와대를 이전할 것이 아니라, 저 남도의 목포나 여수, 순천으로 수도를 이전하면 좋겠다. 통일 시대에 대비하기 위해서는 한반도의 중앙이자 모든 지식과 정보와 돈이 모이는 서울이 수도의 기능을 유지해야 한다는 반론이 나올 수 있다. 일리가 없는 말은 아니지만, 이 주장을 그대로 받아들여야 한다면, 슬프게도 대한민국이 대한민국답게 기능하는 것을 포기해야 할 수밖에 없다. 불평등이 만연한 사회를 누가 선호할 것인가?

필자는 왜 이런 파격적인 주장을 할까? 그 논리적인 이유 몇 가지는 위에서 설명했으니 여기서는 수도의 남도 이전이 필요한 이유를 불평등 해소 차원에서 조금 감성적으로 접근하려 한다.

'지잡대'라는 오명 아닌 오명을 쓰고 도서관에서 컵라면을 먹으며 공부하는 지방대 학생들의 마음을 이해할 수 있겠는가? 졸업 시즌이 되면 제대로 된 직장 하나 없어 서울을 기웃거리고, 그마저도 어려워 9급 공무원 시험 합격증을 자랑스럽게 보여주는 학생들. 그들을 바라보는 선생의 마음을 이해할 수 있겠는가? 자랑스럽게 직장을 얻었는데 몇 년 지나지 않아 자신의 힘으로는 평당 1억 원에 가까운 아파트를 마련할 수 없다는 사실을 깨닫고 결혼과 출산까지 포기하는 5포 세대로 전락하는 그들의 마음을 이해할 수 있겠는가?

다시 돌아가자. 아파트 문제를 단순히 아파트 문제로만 보면 안 된다. 그것은 대한민국이 안고 있는 가장 첨예한 문제를 드러내는 하나의 지표다. 문제를 해결하고 싶다면 대한민국의 수도를 저 남도의 목포나 순천, 여수로 이전하는 방안을 강구할 필요가 있다.

사회적 기회의 문제 : 울타리의 안과 밖

불평등 이상으로 첨예한 문제가 있다. 모든 사람에게 성공할 기회가 공정하게 주어지느냐 하는 문제다. 훗날 역사가들은 2019년 하반기의 한국 사회를 '두 조각으로 나뉜 역동성의 시간'으로 기록할지 모른다. 같은 사건과 상황을 두고 전혀 다른 두 시각이 존재했기 때문이다. 전 법무부장관의 불공정과 '내로남불'을 나무라는 시각, 국민에 의해 선출된 주체의 인사권에 도전한 검찰을 꾸짖는 비판적인 시각. 하지만 이런 시각보다 더 중요한 것은 이 문제가 드러낸 우리 사회의 민낯이다. 필자는 그것을 한국 사회를 둘러싼 울타리의 문제로 이해한다.

지나친 단순화라는 비판을 피할 수 없겠지만, 한국 사회는 계급 사회적인 성격을 가진다. 이 표현이 너무 강하다면, 이동이 매우 어려운 계층 사회라고 할 수 있다. 봉건시대처럼 신분이 세습되는 건 아니다. 그러나 경제 사회적 여건, 특히 부모의 신분과 교육제도에 의해 계층이 결정되고, 특별한 계기가 없으면 그 계층이 계속 이어진다. 아빠 찬스, 엄마 찬스 혹은 할아버지 찬스를 이용해 스펙을 쌓고, 그 스펙을 이용해 좋은 학력을 얻는다. 그것은 다시 좋은 직장과 경제력으로 이어진다.

소위 '스카이'라 불리는 유명 대학의 일부 학생들이 전 법무부 장관에 반대 시위를 이어간 점은 조금 이해되지 않는 부분이 있다. 모두는 아니겠지만, 시위를 이어간 그들 역시 부모 찬스를 이용해 스펙을 쌓고, 그 결과 현재의 대학에 들어가는 데 도움을 받지 않았는가? 차라리 지방의 학생들이 전 법무부장관 자녀의 스펙 쌓기를 보며 반기를 들었다면 이해가 간다. 그러나 그들은 목소리를 내지 않는다. 그저 입을 다물고 체념할 뿐이다.

조금 더 나가보자. 스펙과 부모 찬스를 활용해 대학의 문을 열 수 있었던 그 제도는 누가 만든 것인가? 수도권 중심의 대학 서열은 또 누가 만든 것인가? 우리의 과거 정부가 대학입시 제도를 개혁하는 방안으로 만든 것이다. 즉, 지금의 교육제도와 이를 통해 공고화된 계층을 만들어낸 주체가 바로 우리 정부이고, 조금 추상적으로 말하자면 우리 사회다. 쉽게 말하자. 우리 사회가 그와 같이 공고화된 계층을 만들어내는 데 암묵적으로 동의해 왔고, 그렇게 공고해진 기득권층은 자신들을 보호하기 위해 울타리를 둘러쳤다.

엄밀한 의미에서 전 법무부장관 자녀의 스펙 쌓기 사례를 두고 비판의 화살을 날릴 자격이 있는 사람들은 울타리 밖의 사람들이다. 한두 사람이 과감하게 이 울타리를 뛰어넘었다고 해서 울타리가 없어지지는 않는다. 울타리 안에 있는 사람들은 울타리를 의식하지 못한다. 숨 쉬면서 공기를 의식하지 못하듯이, 우물 안 개구리가 우물 밖을 알지 못하듯이, 이들은 울타리 밖 사람들을 알지 못하거나 무시한 채 자신의 수혜 혹은 특권이 상대적으로 훼손되는 모습을 참지 못하는 것이다.

정작 우리가 관심을 가져야 할 지점은 울타리 밖 청년들의 침묵이다. 이들은 체념한다. 어찌할 방도가 없다는 것이다. 혹은 반대 의견을 내세워도 돌아오는 건 아무것도 없다는 사실을 그동안의 경험으로 안다. 냉소다. 데모할 시간에 차라리 아르바이트로 용돈을 더 버는 편이 이롭다는 것이다. 울타리 밖에서 그저 서성댄다. 그들의 소리를 듣지 못한다면 대한민국의 미래는 없다. 그들이 울타리 안으로 들어갈 수 있는 사회를 만들어야 한다. 그게 희망이고 공정이고 정의다.

어떻게 해야 할까? 변화가 필요하다는 데에는 누구나 공감한다. 하지만 어디서부터 어떤 방향으로 어떻게 변해야 할지 공감하기 쉽지 않다. 그것은 교육제도의 문제이기도 하고, 수도권 집중의 문제이기도 하고, 경제성장의 방향 문제이기도 하기 때문이다. 공정이라는 문제. 기회의 공정, 경쟁의 공정, 결과의 공정. 그것이 말처럼 쉽지 않다는 사실을 안다. 하지만 누군가는 시작해야 한다. 울타리를 허물지 않으면 대한민국이라는 공동체가 큰 위기를 맞이할 수 있기 때문이다.

4. 버블, 돈의 흐름을 바꾸어야 한다

열심히 하지 말고 현명하게 하라 (2019. 7. 5)

198만 원에서 206만 원으로 늘었다. 2019년 1분기 소득 하위 20% 근로자 가구의 월평균 총소득은 206만 원이었다. 반면 2017년 1분기에는 197만 원이었다. 그렇다면 지난 2년간 소득이 늘어난 것은 분명하지 않은가? 그중 이전소득(정부가 직접 지원한 소득)은 30만 원에서 40만 원으로 증가했다. 그러니 최저임금 인상을 중심으로 한 소득 주도 성장이 어느 정도 성과가 있었던 것은 분명하다. 최저임금을 올리고 사회안전망을 확충하는 정책은 '기본적으로' 잘못되지 않았다. 하지만, 여기까지다. 여기에 왜 '성장'이라는 이름을 붙여 불필요한 논쟁을 유발하는가? 차라리 '소득 격차 완화 정책'이라는 이름을 붙이는 게 맞다. 정부가 빈부 격차 완화를 위해 열심히 노력한 점은 인정한다. 하지만 현명하지 못하다.

국회가 공전을 거듭하던 2019년 6월 초. 여당의 한 의원이 금융소득 종합과세 기준을 기존 2,000만 원에서 1,000만 원으로 낮추는 법안을 발의했다. 소득 불균형 해소가 목적이고, 금융자산을 5~10억 보유한 사람들을 '대' 자산가라고 했다. 오해하지 말자. 소득이 있는 곳에 세금이 있어야 한다. 하지만 이런 법안은 10년 이상 열심히 일하고 나서 노후준비를 위해 재산을 모으는 중산층에게 치명적이다. 낮은 은행 금리를 피해 4% 배당을 주는 주식에 2.5억 원을 투자하면 1,000만 원이 된다. 그렇지 않아도 횡보를 거듭하는 국내 주식시장을 이탈하려는 개미투자자들의 원성만 높아간다. 30~40대의 의견을 들어봤는가?

"어떻게 재산을 모으라는 거지? 역시 부동산을 해야 하는 건가?"

사회적 불평등의 가장 큰 원인이 부동산이라면, 그 부동산으로 흘러가는 돈을 국내 주식으로 유도해야 하지 않겠는가? 국내 기업의 배당을 높이고, 주식 장기 보유자에게는 세제 혜택이라도 주어야 마땅하다. 소득 불균형 해소를 위해 열심히 노력한 점은 인정한다. 하지만 현명하지 못하다.

말이 나온 김에 하나만 더. 회사의 대주주가 되려면 어느 정도의 돈이 필요할까? 2020년 12월 기준 3억 원만 있으면 된다. 대주주 주식거래에 따른 양도소득세 부과 기준이 그렇게 바뀌기 때문이다. 오해하지 말자. 장기적으로는 주식거래세를 없애고 주식거래에 따른 양도소득세를 부과하는 게 옳다. 하지만 지금은 아니다. 2019닌 현재, 서울 아파트 24평의 평균 분양가가 6억 원을 넘었다. 그러니 어떻게 3억 원 혹은 5억 원이 '대' 주주와 '대' 자산가의 기준이 될 수 있는가? 이제 한국의 개미투자자들은 한국 주식에 투자하려 하지 않는다. 2019년 5~6월 동안 국내 투자자들이 미국 주식을 사고 판 금액이 5조 1,600억 원에 달한다. 도대체 국내 증권시장을 어떻게 하려는 것인가? '코리아 디스카운트'는 어떻게 되든 세금만 더 거두어들이면 되는가? 대주주의 양도 차익을 거두려고 애썼다는 점은 이해한다. 하지만 현명하지 못하다.

복지를 늘리고 사회안전망을 확충하고 국가 인프라를 구축하기 위해서는 돈이 필요하다. 세금을 더 거두어야 한다. 그런 목적이라면 차라리 '증세增稅'를 공론화하라! 여기저기 '한계적으로' 세금을 올리는 일은 중산층을 축소하는 꼼수에 가깝다. 그런 꼼수는 오히려 그 정책을 통해 이루려는 '공정한 사회'를 이루기 어렵게 한다. 한계적인 증세를 시도하는 정권에 필사적으로 저항하기 때문이다. 쉽게 말하자. 미워서라도 표를 안 준다는 이야기다.

이 길이 옳으니 나를 따르라! 저 목표는 도덕적으로 우월하니 흔들리지 말라! 제발 착각하지 말자. 방법과 과정이 현명하지 못하면 이 길과 저 목표는 오히려 달성하기 어렵다. 그러니 열심히 일하는 것은 좋다. 하지만, 제발 현명하게 했으면 한다. 꼬리가 몸통을 흔들지 않도록.

돈의 흐름을 바꾸는 경제정책이 필요하다

앞의 글에서 현재 한국이 직면한 경제정책의 여러 측면을 지적하였다. 가장 먼저 언급하고 싶은 부분은 '소득 주도 성장'에 관한 것이다. 아마도 소득 주도 성장에 관한 논쟁은 문재인 정부가 끝날 때까지 계속될 것이다. 여기서는 경제학 원론 정도의 지식으로 이해할 수 있도록 쉽게 설명하려 한다.

Y = C+I+G+(X-M)

이것은 항등식이다. 국민소득은 소비, 투자, 정부지출, 순수출(수출-수입)의 합계다. 따라서 국민소득Yield을 늘리려면 소비Consumption, 투자Investment, 정부지출Goverment Spending을 늘리거나 순수출을 늘리면 된다. 쉽게 말해 기업들이 투자를 많이 하고, 수출을 많이 해서 무역흑자를 늘리고, 국민들이 소비를 더 많이 하고, 정부가 재정지출을 더 많이 하면 국민소득이 늘어날 수 있다.

복잡한 전제조건을 뛰어넘어 설명하면, 소득 주도 성장이란 국민들의 소득을 늘리고 그 늘어난 소득으로 더 많이 소비하도록 유도함으로써 국민소득을 증가시켜 보자는 것이다. 그러기 위해 최저임금제와 같은 제도적 장치를 마련해 중·저위 소득자들에게 더 많은 소득을 보장하자는 것이다. 이론적으로는 틀린 게 없다. 그러나 이들 위해서는 하나의 연결고리가 제대로 작동해야 한다. 소득이 늘어난 국민들이 그것을 소비해야 한다. 좀 더 전문적으로 말하면 소비성향 (소득에서 소비가 차지하는 비율)이 늘어나거나, 최소한 줄어들지 말아야 한다.

문제는 바로 여기서 발생한다. 이 사람들은 애초부터 소득이 충분하지 않기 때문에, 늘어난 소득을 소비하기보다 빚을 갚거나 노후를 위해 저축하려는 경향이 강하다. 또, 아파트값 폭등이 시사하는 것처럼 늘어난 주거비용을 충당하는 데 사용할 수밖에 없다. 다시 말해, 늘어난 소득이 늘어난 소비로 연결되는 고리가 구조적으로 작동하지 않는다는 것이다.

앞에서 말한 바와 같이 2019년 1분기 소득 하위 20%의 근로자 가구의 월 평균 총소득은 198만 원에서 206만 원으로 늘었고, 그중 이전소득은 30만 원에서 40만 원으로 증가했다. 이런 사실은 정부의 소득 주도 성장정책이 하위 20% 근로자의 총소득을 늘리는 데 기여했음을 명백히 보여준다. 하지만 이 같은 총소득 증가가 국민소득 증가로 이어지지는 않았다. 위에서 설명한 고리가 구조적으로 작동하지 않았기 때문이다.

그러면 소득 주도 성장정책은 잘못된 것일까? 그렇지 않다. 이 정책이 전혀 효과가 없었던 것이 아니라(하위계층의 소득은 늘어났다), 기대했던 '국민소득의 전체적인 성장'이라는 효과를 보기 어려웠을 뿐이다. 문제는 '성장'이라는 명칭을 사용함으로써 불필요한 논쟁을 유발했다는 점이다. 즉, 이 정책은 성장정책이 아니라 (소득 주도 성장정책이 성공한 사례는 세계적으로 그리 많지 않다) '소득 격차 완화 정책' 혹은 '저소득자 소득 재분배 정책'으로 명칭을 바꾸어 시행하는 것이 바람직하다. 한국 경제의 성장은 기업의 투자가 획기적으로 증가하거나, 수출이 지속적으로 증가하는 형태로 이루어져 왔고, 앞으로 당분간 그런 기조를 벗어나지는 못할 것으로 보인다.

앞에서 제시한 두 번째 문제는 세금 문제와 중산층의 육성 그리고 부동산 가격 폭등에 관한 것이다. 앞에서도 이야기했지만 한 가지 중요한 원칙은 '소득이 있는 곳에는 세금이 있어야 한다'는 것이다. 이것이 바로 사회적 불평등을 방지하기 위한 공정의 원칙이고 그래서 마땅히 시행되어야 한다. 하지만 그 원칙이 적용되는 영역과 분야 그리고 시기를 적절히 고려하지 않으면 취지와 달리 또 다른 사회적 불평등의 원인이 될 수 있다.

아파트값 폭등은 수요가 있는 곳의 공급 부족 그리고 지나치게 많이 풀린 돈이 기본 원인이다. 공급이 부족하더라도 시중에 풀린 돈이 많지 않다면 아파트값이 오를 이유가 없다. 아파트값 폭등을 막기 위한 정부의 기본 정책은 틀리지 않았다. 보유세를 인상하고, 투기적 수요를 차단하고, 대출을 제한하는 방향은 맞다. 하지만 시중에 풀린 돈의 출구를 만들지 않고서는 정부가 미처 예견하지 못하는 방향, 소위 말하는 풍선효과에 의해 다른 부동산으로 몰리는 현상이 일어날 수밖에 없다. 고양이가 쥐를 몰 때도 도망길 구멍을 마련해두고 몰아가는 법이다. 정부는 시중에 풀린 돈이 움직일 방향을 고양이가 쥐를 몰 때처럼 만들어주어야 한다. 그렇다면 돈을 어디로 몰아야 할까? 맞다. 주식시장이다.

주변 사람들에게 주식에 돈을 투자하라고 하면 반응이 어떨까? 패가망신의 지름길이고, 함부로 투자하면 안 된다는 조언이 뒤따른다. 조금 단순화시켜 말하면, 주식은 투기고 부동산은 투자란다.

이런 조언이 불합리하다는 사실을 잘 알지만, 주식시장에 대한 현 정부의 정책 기조를 보면 이런 조언에 무작정 반대하기 어려워 보인다. 앞서 지적한 바와 같이 24평 아파트의 분양가가 6억 원이 넘는데, 3억 원 이상의 주식을 가지고 있으면 대주주로 간주하여 양도소득세를 물리겠다고 한다. 2020년 12월 기준이다. 배당도 적게 주는 한국 기업. 그러니 그 주식에 누가 투자하려고 하겠는가? 차라리 역세권 소형 아파트나 GTX가 통과하는 미래 유망지역에 돈을 묻어두는 게 낫지 않겠는가? 그래서 조금 사정을 아는 사람들은 한국보다 미국 등 외국의 주식에 투자하려고 한다. 금융소득 종합과세의 기준도 조만간 2,000만 원에서 1,000만 원으로 줄어들 가능성이 매우 크다. 젊은 세대는 거의 절망적이다. 한 나라의 종합적인 정책이 중산층을 육성하는 방향으로 가야 하는데, 지금 도대체 어떻게 집을 사고 어떻게 재산을 형성하라는 말인가?

거듭 권하고 싶다. 부동산을 규제하는 그 이상으로 주식 투자를 권유하는 방향으로 정책을 바꿨으면 한다. 수익에 나는 곳에 세금을 부과한다는 원칙은 그대로 유지해도 된다. 하지만 주식 양도소득세 부과의 기준인 대주주의 기준을 서울의 아파트 평균값인 10억 원으로 올리고, 장기 보유한 주식에 대해서는 배당금에 대한 세율을 조금 낮추고(15.4%에서 9%로), 주식으로 손실을 본 경우에는 수익과 합산하여 세금부과를 고려하고, 리츠와 같은 부동산 간접 투자 상품에 대한 세율을 인하하고(이 부분은 2020년부터 시행된다), 기업들이 적극적으로 배당하도록 유도하고, 상장기업 평균 이상으로 배당하는 기업에 대해서는 임시적인 세제 특례 혜택도 고려할 필요가 있다.

부동산 투자는 현재의 기준으로 보면 투기다. 하지만 많은 사람이 생각하는 주식 투기는 역설적으로 투자다. 투기를 억제하고 투자를 권유하는 방향으로 돈의 흐름을 바꾸어야 한다. 주식시장으로 돈이 몰리면 기업들도 혜택을 본다. 그러면 기업은 더 많이 투자할 수 있고, 그러면 다시 국민소득 증가로 연결되는 선순환이 가능해진다. 그게 우리가 바라는 길이고, 우리가 사는 길이 아닌가?

6부

코로나19 이후의 세계와
대한민국

1. 정말 한 시대가 가고 있다

202X년 9월 말, 지상파 방송의 저녁 뉴스가 시작된다

"뉴스를 시작하겠습니다. 오늘의 국내 헤드라인 뉴스입니다.

정부는 날씨가 차가워지기 시작하는 오늘, 코로나19의 변이가 다시 확산하는 상황을 막기 위해 모든 국민에게 백신 접종을 권유했습니다.

정부는 코로나19의 통제가 가능해지자, 그간 어려움을 겪어오던 항공 운수, 여행, 관광, 요식업에 대한 지원을 점차 축소할 계획을 밝혔습니다.

한국의 제안으로 시작된 G20 정상회담에서는 최근의 보호무역과 세계적 경기침체 그리고 증가하는 디지털 경제 문제를 다루기 위한 논의가 본격화되고 있습니다.

삼성전자는 세계적 공급망의 폐쇄로 어려움을 겪던 중 그동안 베

트남과 중국에서 생산해 오던 반도체와 디스플레이를 전남 여수의 공장으로 이전하는 작업을 완료했습니다.

코로나19가 거의 종식단계에 접어들자 봉준호 감독, BTS 등에 협업과 공연 요청이 줄을 잇고 있습니다.

다음 해외 헤드라인 뉴스입니다.

올해 노벨 평화상은 코로나19 발생 이후 전 세계적 차별 행위에 반대해온 '인간의 조건'이라는 NGO에 돌아갈 가능성이 크다고 합니다.

코로나19의 확산 원인과 책임을 둘러싼 세계 각국의 논쟁이 가열되는 와중에 중국과 미국의 무역 전쟁이 다시 격화되고 있습니다.

일본은 코로나19로 인해 1년 연기된 올림픽을 부분적으로 개최할 수밖에 없었지만, 그 와중에도 개헌을 향한 움직임을 본격화하고 있습니다.

코로나19로 인해 심각한 타격을 입은 크루즈 산업은 여행 프로그램과 성격을 건강과 웰빙 위주로 강화하면서 다시 활황을 보이고 있습니다."

여기서 조금 먼 이야기를 하나 해야겠다. 제1차 산업혁명은 18세기 중반 무렵 영국을 중심으로 시작되었다. 지금은 21세기 초엽인 2020년이니 처음 산업혁명이 일어난 지 겨우 250년 가량이 지났다.

왜 산업혁명 이후의 250년이 중요할까? 인간의 역사를 돌이켜볼

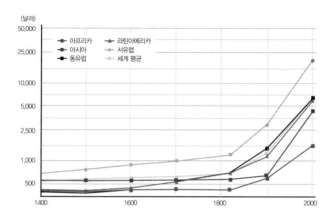

〈표 7〉 산업혁명 이후 주요 지역의 1인당 GDP 추이

때, 산업혁명 이전과 이후의 삶과 역사는 현격한 차이를 보이기 때문이다. 〈표 7〉에서 보는 바와 같이 18세기 중반에 산업혁명이 시작되고 나서 세계 모든 지역의 1인당 GDP가 가파르게 상승했으며, 지금도 이 같은 추이가 계속되고 있다.

무슨 말을 하는 것일까? 지금 우리가 당연하다고 생각하는 일상적인 삶의 모습들이 제1차 산업혁명 이전에는 전혀 당연하지 않았다는 것이다. 쉽게 말하자. 지금 우리가 누리는 평범한 일상은 조선시대의 왕이나 귀족들, 유럽의 제후나 왕들이 누렸던 수준을 뛰어넘는다. 가전제품, 자동차, 비행기 그리고 상수도와 전기, 인터넷을 생각해 보라. 지난 250년 동안 있었던 서너 차례의 산업혁명은 인간이 삶의 모습과 수준을 획기적으로 바꾸었다. 중세와 근대 초기까지 기아와 질병에 허덕이던 사회는 이제 풍요에 의한 부작용을 걱정할 정도에 이르렀다. 여러 차례의 전쟁을 치렀음에도 불구하고 지난 250년의 역사는 인간의 문명을 미래지향적인 낙관론으로 향하게 하는데 전혀 부족하지 않았다.

그런데 그 낙관론이 무너지고 있다. 그것도 인류가 거의 정복했다고 생각했던 역병, 하나의 바이러스 때문이다. 과거에도 천연두와 스페인 독감 같은 대유행이 없었던 건 아니다. 하지만 독감이나 감기처럼 사소하게 생각했던 하나의 바이러스가 무지막지한 변이와 전파 속도 때문에 BCBefore Corona Virus와 ADAfter Disease라는 말을 만들어낼 만큼 인간의 역사와 삶에 깊은 흉터를 남기고 있다.*

한 가지는 분명하다. 시간이 흐르면 코로나19의 백신과 치료제가 나올 것이고, 그래서 이 또한 지나간 일이 될 것이다. 그렇지만 코로나19의 발생 원인과 추이를 차근차근 살펴보면 그 이면에 산업혁명과 낙관론적 인류 문명이 자리 잡고 있음을 유추할 수 있다. 쉽게 말하자. 지난 250년 동안 인류 문명의 낙관론은 지구의 생태계를 담보로 한 일종의 '당겨 쓰기'였다. 지속할 수 없는 문명을 진보라는 이름으로 포장하고 지구를 병들게 한 대가가 지금의 코로나19일지 모른

---

* 지나고 보면 코로나19 역시 대유행을 일으킨 여러 질병 중 하나에 불과할 수 있다. 1918~1919년 스페인 독감으로 5,000만 명이 희생된 사실을 생각하면, 코로나19가 그 정도는 아니기 때문이다.

다. 플라스틱으로 대변되는 지구의 쓰레기, 이산화탄소 배출량 증가에 따른 지구 온난화, 그로 인해 점점 줄어드는 남극과 북극의 빙하와 급격한 기후 변화, 원자력 발전이 만들어낸 핵 개발과 핵 쓰레기, 동식물 어족자원의 멸종, 개발이라는 이름으로 파괴된 산림과 해양. 이 정도만 하고 싶다. 코로나19가 사라진다 해도 다른 역병이 뒤를 이을 것이다. 그것도 자주.

여기에서 코로나19의 인류 문명사적 의의를 분석할 생각은 없다. 이 책의 범위를 넘어서는 문제이기도 하지만, 동북아시아에 자리한 대한민국에 그 이상의 당면과제가 기다리고 있기 때문이다. 따라서 이 같은 인류 문명사적 의의를 염두에 두고 '코로나19가 한국에 어떤 영향을 끼치게 될지' 그래서 '우리는 무엇을 해야 할지'를 함께 이야기하고 싶다. 그러니 서두에 제시한 가상의 지상파 방송 저녁 뉴스에 담긴 내용이 의미하는 바를 좀 더 자세히 설명하는 것으로 이 논의를 시작하고 싶다.

2. 다가오는 새로운 시대*

기본적 생활의 변화 : 바이러스와 함께 살아가기

코로나19는 극복되었지만 극복되지 않았다. 2020년 초반, 중국에서 시작되어 세계를 휩쓴 코로나19는 치료제가 개발되고 뒤이어 백신이 개발되면서 전파에 대한 두려움에서 벗어날 수 있었다. 그 과정에서 인류가 입은 정신적·물질적·경제적·사회적 피해는 매우 크지만, 으레 그렇듯 시간이 지나면서 "그때 그런 일이 있었지….." 하고 회상할 수 있게 되었다.

그러나 정확히 말하면 코로나19는 극복되지 않았다. 사스와 메르

---

* 거듭 말하지만, 여기서 다루는 논의는 코로나19가 어느 정도 진정된 이후의 세계를 상상하여 묘사한 것이다.

스가 코로나19와 비슷한 유형의 바이러스였던 것처럼, 코로나19 역시 수많은 변이와 변종으로 변신할 수 있기 때문이다. 코로나19의 전파력과 메르스의 치사력을 겸비한 바이러스가 만들어진다면 다시 새로운 대유행이 발생할 것이다. 만약 그런 일이 생긴다면 간신히 만든 코로나19 백신이 아무 효과가 없을 수 있다.

그래서 이제 인류는 바이러스와 싸워 이기는 것이 아니라, 바이러스를 달래며 함께 살아가는 모습을 생각해야 한다. 그래서 이전과는 전혀 다른 새로운 생활이 시작되었다. 악수나 포옹 같은 사소한 인사뿐 아니라 정치체제나 국가관계까지 삶의 모든 부분이 바이러스의 영향을 받게 되었다. 그러니 코로나19 바이러스는 추운 계절이 돌아올 때마다 감기나 독감처럼 반갑지 않은 친구 목록에 포함될 가능성이 매우 크다. 함께 살아야 한다.

국제질서의 변화 : 점점 드러나는 국가들의 민낯

퇴조하는 세계화, 자국 우선주의의 득세, 성채 사회의 등장

코로나19가 어느 정도 진정되고 정신을 차려보니 주요국들이 취한 정책의 민낯이 드러나기 시작했다. 인간의 본성이 그런 것처럼, 세계 각국은 야수의 모습을 드러내었다.

2020년 1월, 중국에서 코로나19가 맹위를 떨치기 시작하자 미국이 취한 첫 번째 조치는 중국으로부터의 입국을 금지하는 일이었다. 같은 해 2월, 한국에서 31번 환자를 시작으로 코로나19 감염자가 급속히 증가하자, 세계 각국이 한국으로부터의 입국을 금지하기 시작했다. 유럽과 캐나다, 남미로 바이러스가 전파되었을 때 세계 각국이 취한 행동 역시 자국의 국경을 봉쇄하는 일이었다. 금지, 금지 또 금지.

국경 봉쇄는 바이러스 확산을 막기 위해 당연히 취해야 할 조치로 생각될 수 있다. 그러나 이와 함께 고도로 연결되어 있던 세계 역시 순식간에 봉쇄되기 시작했다. 사람과 물자의 이동이 금지되고, 돈이 한쪽으로 쏠리면서* 세계화의 고고한 흐름이 퇴색하기 시작했다. 세계화의 명맥을 이어간 것은 오로지 정보와 데이터였다. 그러나 그 정보와 데이터 역시 자국 우선주의의 이기적 욕망 아래 움직이기 시작했다. 구글, 페이스북 등 플랫폼 기업의 행태는 이중적이었다. 코로나19 발생 초기에는 방관하는 태도를 보이다가, 미국과 유럽에 바이러스가 창궐하자 서둘러 정보와 데이터를 분석하고 확산 방지 방안 마련에 돌입하기 시작했다. 그 와중에 한국 등 다른 나라에서 만든 코로나19 관련 앱(예: 한글로 된 확진자 동선 파악 앱)이 이들의 앱 장터에서 사라졌다. 플랫폼을 가진 자의 횡포가 아닐 수 없다.

---

* 미국과 유럽에 코로나19가 확산하면서 한국을 비롯한 개도국에 투자한 자금을 팔아(달러로 바꿔) 본국으로 가져간 사실을 생각해 보라.

국경 봉쇄에도 불구하고 바이러스의 확산이 잦아들지 않자, 세계 각국은 저마다 자국 국민의 이동을 통제하기 시작했다. 세계화가 아니라 중세에서나 볼 수 있을 법한 성채 사회castle society의 모습까지 등장하기 시작했다. 세계가 퇴행한 것인가?

G2를 향한 신뢰의 상실, 새로운 협력의 가능성

앞에서도 언급한 바와 같이 세계화, 자유무역 등의 국제질서는 질서 유지에 필요한 비용을 자발적으로 부담하려는 국가가 있어야만 가능하다. 코로나19의 창궐로 이런 질서가 훼손되었지만, 어느 정도 통제가 된 뒤에도 어느 나라도 새로운 국제질서를 만들고 유지하는 역할을 맡으려 하지 않았다.

자국 우선주의의 기치를 높이 들고 코로나19에 부적절하게 대처한 미국은 그럴 의사를 보이지 않았으며, 유럽과 일본은 코로나19 확산에 뒤늦게 대응하면서 부분적으로 그런 자격을 잃어버렸다. 중국이 기꺼이 그 역할을 맡으려 했으나 국제사회는 중국의 그런 역할을 인정하려 하지 않았다. 상대적으로 일찍 코로나19를 통제한 중국은 세계 각국에 의료물자 지원을 아끼지 않았으나, 미국·영국·캐나다 등은 코로나19 발병에 대한 사과는 외면한 채 '병 주고 약 주는' 중국의 행태에 커다란 분노를 드러냈다. 심지어 중국은 한동안 미국과 인도 등 세계 주요국으로부터 손해배상과 책임추궁에 시달려야 했다. 미·중 무역 전쟁이 다시 시작되었고, 그 모든 일이 결과로 기존 선진국에 대한 신뢰가 무너져 내렸다.

이 같은 국제질서의 공백을 메운 주체는 중요성이 상대적으로 저평가되어 있던 G20이었다. 한두 국가의 헤게모니가 없다면, 세계 경제의 상위권에 속한 나라들이 함께 질서를 제공하자는 것이었다. 한국이 무엇을 어떻게 할 수 있는지 여기서 그 실마리가 드러난다.

세계적 공급망의 변화 : 본국으로 돌아와, 돌아와!

앞에서 애플의 아이폰 뒷면에 새겨진 원산지를 언급한 바 있다. 'Designed by apple in california, assembled in China.' 코로나19가 세계를 강타하기 전, 애플은 미국의 캘리포니아에서 아이폰을 디자인하고, 관련 부품을 전 세계에서 가장 저렴한 가격으로 구매한 뒤, 폭스콘이 위치한 중국에서 조립했다. 그것이 바로 효율적 생산을 가능하게 한 세계적 공급망이다.

그 공급망이 무너지기 시작했다. 자국 우선주의와 국경 봉쇄, 세계화의 퇴조는 관련 부품의 생산과 국경 간 이동을 어렵게 했고, 그 결과 글로벌 기업이 신제품이나 기존 제품을 적시에 생산하기 어렵게 되었다. 한 가지 예를 들자. 코로나19 확산 초기, 베트남은 한국인

---

* 특히 미국은 중국은 물론 WHO에 대해서도 코로나19에 부적절하게 대응했다며 공세를 했다.

의 입국을 전격적으로 금지했고, 삼성전자에서 신제품 개발과 생산 라인 전환을 위해 기술자를 베트남에 파견하는 일조차 불가능하게 되었다. 추후 엄격한 기준을 적용해 삼성전자 기술자의 베트남 조건부 입국이 가능해졌지만, 삼성전자는 자사의 세계적 공급망이 가진 위험성을 다시 평가하게 되었다.[**] 애플 역시 비슷한 경험을 겪었다.

리쇼어링Reshoring: 제조업의 자국 귀환. 과거 세계적 다국적 기업들은 생산비용 절감을 위해 개도국으로 공장을 이전했으나, 이제 그 위험성을 자각하고 본국으로 다시 공장을 이전하기 시작했다. 공장이 본국으로 돌아오면 높은 인건비로 인해 비용 부담이 커지는 것은 아닐까? 아니었다. 3D 프린팅, 사물인터넷, 로봇, 인공지능, 스마트 팩토리 등 첨단 기술을 도입하면서 이전보다 오히려 비용이 줄어들었다. 삼성전자나 애플이 글로벌 공급망을 축소하고 본국으로 귀환한다면 한국이나 미국 모두 자국에 이로운 결과를 기대할 수 있다.[***]

그러나 이 같은 리쇼어링의 만연은 개도국에게 악몽과도 같다. 경

[**] 어떤 의미로는 베트남이라는 국가에 생산시설을 이전한 위험성이라고 할 수도 있다. 베트남은 한국에서 코로나19가 맹위를 떨칠 때 한국인 입국 금지 조치를 그 어느 나라보다 먼저 취한 바 있다. 유쾌한 일은 아니지만, 바이러스 전파 방지를 위한 조치로 이해하지 못할 바 아니다. 그러나 베트남은 한국과 삼성전자가 이해할 수 있는 선을 넘었다. 태극기를 바이러스로 묘사하는 상식 이하의 일이 벌어졌고, 사전통고나 협의 없이 베트남으로 향하던 아시아나 항공기의 회항을 요구하여 어쩔 수 없이 아시아나 항공기가 한국으로 기수를 돌리기도 했다. 어찌 이런 일이 벌어질 수 있는가? 개인이건 국가건 위기의 순간에 그 민낯이 드러난다. 그렇다면 우리가 알지 못했던 베트남의 민낯은 매우, 아주 많이 고약하다. 베트남에 대한 신뢰가 어떨지는 묻지 않아도 분명하다.

[***] 예를 들어 삼성전자가 여수 등 상대적으로 낙후한 남해안 도시에 공장을 이전한다면 고질적인 지방 불균형이 해소되는 효과를 기대할 수 있다. 이는 한국의 사회적 일체성을 강화하는 요인으로 작용할 수 있다. 애플 역시 마찬가지다.

제발전을 위해서는 선진국으로부터의 자본유입과 공장유치가 필수적인데, 세계적 공급망의 재조정은 이런 필수요건의 달성을 어렵게 만든다. 역설적이지만 이로 인해 가난한 나라는 더욱 가난해지고 부유한 나라는 더욱 부유해질 수 있다. 세계는 역사의 수레바퀴를 거꾸로 돌리고 있다.

개인 생활의 변화 : 비대면 접촉의 증대와 온라인의 활성화

코로나19의 확산이 개인 생활에 가져온 가장 큰 변화는 비대면 접촉의 증대다. 비말로 전염되는 바이러스를 막기 위해 사회적 거리두기가 권장되면서 사람들의 이동은 금지되거나 최소화되었고, 각종 모임이나 약속은 취소되거나 연기되었다. 불가피한 경우에는 온라인을 활용함으로써 직접 얼굴을 마주하지 않는 형태로 만남이 진행되었다.

이에 따라 모든 사회적 활동과 상업적 활동이 재조정되었다. 기업들은 재택근무를 권장하게 되었으며, 개인 간 상거래는 온라인으로 이루어지게 되었고, 학생들의 교육 역시 온라인의 역할이 커지게 되었다. 대면 접촉의 최소화는 '쿠팡'과 같은 전자상거래 업체의 매출을 증가시키고 오프라인 상점과 요식업의 상대적 축소를 가져왔으며, 극장과 같은 집객업소 역시 불이익을 경험하게 되었다. 더구나 개인의 이동이 금지되거나 축소됨에 따라 항공이나 크루즈와 같은 여행·관광 산업이 직격탄을 맞게 되었고, 특히 규모가 작은 중소기업은 존폐를 걱정해야 할 정도의 피해를 입었다.

산이 높으면 골이 깊은 법. 반면 온라인 세계는 더 활성화되었다. 넷플릭스, 왓챠플레이, 웨이버 등 콘텐츠 제공 업체는 물 만난 고기 마냥 활개를 치게 되었고, 게임업계 역시 환상의 시기를 보내게 되었다. 온라인 교육이나 화상 회의를 가능하게 하는 소프트웨어 역시 새로운 성장의 시기를 보내게 되었다. 이 같은 온라인 세계의 확산은 이미 예견되었던 바다.

사회적 관계의 변화 : 이 차별을 어찌하나?

메이드 인 차이나. 한때 코로나19에 붙어 있던 주홍글씨다. 중국에서 먼저 발병했으니 한편으로는 수긍한다. 하지만 중국인을 바이러스로 간주하고 그것도 모자라 "네 집으로 돌아가라."며 노골적인 적대감을 드러낼 때, 우리는 분노와 우울을 경험한다. 그 분노는 황화론黃禍論으로 대표되는 인종차별에 대한 것이고, 그 우울은 국가와 개인에 내재해 있던 야수성의 발견에 기인한 것이다. 도대체 인간이란 무엇인가? 이런 적대감이 모든 아시아인으로 향해갈 때 우리의 절망은 시작된다. 마스크를 착용하면 착용했다는 이유로, 착용하지 않았다면 착용하지 않았다는 이유로 분노와 폭행을 자행하는 저 사람들을 어떻게 해야 하나? 고난을 겪을 때 개인과 사회가 마구 드러내는 저 민낯을 어찌해야 하나?

이 같은 차별은 시작에 불과하다. 선진국임을 자부하던 국가들에서 코로나19가 맹위를 떨치고 사망자가 속출했다. 면역력이 떨어지는 65세 이상 고령자들의 사망률이 높은 것은 이해할 수 있다. 그러나 "감염자 폭증으로 인해 제한된 의료 서비스를 생존 가능성이 큰 젊은이들에 집중할 수밖에 없다."라는 말은 어떻게 이해해야 하나? 나이가 죄이니 그냥 죽어야 하나? 이 이해하지 못할 부조리에 항의하기 위해 카뮈나 니체를 소환하고, 실존주의 철학이라도 주장해야 하나?

돈 많은 부자들이 코로나를 피하려고 지중해나 카리브해의 작은 섬을 사들인다는 소식은 이제 뉴스도 아니다. 정작 관심을 가져야 할 부분은 세계 최강대국의 노숙자들과 아프리카 출신 미국인들 사이에 코로나19의 전파가 급속도로 이루어지고 있다는 점이다. 이들의 공통점은 뭘까? 그렇다. 돈이 없다는 것이다. 돈이 없으면 조금 불편한 정도가 아니라, 그냥 죽을 수밖에 없다.

마지막 차별이다. 코로나19는 중국에서 발원하여 아시아, 유럽, 미국 순으로 번져나갔다. 순식간에 확진자와 사망자가 폭증했지만 2020년 5월을 기점으로 완화되기 시작했다. 그러나 그 맨 마지막 단계에서 아프리카와 남미의 환자가 폭증하기 시작했다. 특히 아프리카의 증가 폭은 상상을 초월할 정도였다. 아프리카는 코로나19로 인한 모든 차별 행위를 하나로 모은 듯한 느낌을 준다. 인종, 계층에 의한 차별에 더해 극도의 가난 때문에 여타 국가와 전혀 다른 고통과 아픔을 수용하지 않을 수 없었다.

코로나19 이전에도 차별이 없었던 것은 아니다. 그러나 코로나19의 확산 이후, 개인과 국가의 야수성까지 결합되면서 차별은 더욱 노골화되고 심화되었다. 인간을 인간답게 만드는 조건은 무엇인가? '인간의 조건'이라는 NGO가 부상한 것은 결코 우연이 아니다.

3. 다시, 조선은 조심하라

다가오는 각자도생 各自圖生의 시대

코로나19는 이제 거의 종식되었지만 우리가 알던 시대가 지나가고 새로운 시대가 다가오고 있다. 그것은 희망과 낙관에 가득한 시대가 아니라 절망과 비관의 그림자가 짙게 드리운 시대다. 바이러스가 지나갔다고 해서 한국이 처한 국제정치, 국제경제적 여건이 근본적으로 변한 것은 아니다. 단지 지난 100여 년간 한국을 흔들던 주변국의 여건이 조금 달라졌고, 그 여건을 둘러싼 흐름이 바뀌었을 뿐이다.

그 변화된 흐름의 기조는 분명하다.

'각자 알아서 살아가라'

무슨 말인가? 협력의 시대는 가고 각자도생의 시대가 도래했다는 말이다. 그 혼돈의 와중에 한국을 둘러싼 네 세력의 흐름을 다음과 같은 말로 정리하고 싶다: 견제당하는 중국, 폭주하는 일본, 허둥거리는 유럽, 유유자적하는 미국.

먼저 중국. 앞에서 중국이 '갈림길에 서 있다.'고 했다. 코로나19를 뒤로한 지금, 중국은 그 갈림길에서 잘못된 선택을 내린 일 때문에 곤욕을 치르고 있다. 앞에서 의사 이원량을 언급하면서 다음과 같이 말했다.

"중국이 질병의 발생을 숨기기에 급급하지 말고 초기에 선제적으로 대응했더라면 전 세계를 심각한 공포로 몰아넣는 일은 없었을지도 모른다. 건강한 사회에는 정보의 비대칭성이 존재하지 않는다. 가짜뉴스도 위험하지만, 그보다 더 무서운 것이 정보의 통제다."

미국과 유럽은 중국의 불투명성, 그리고 불투명성을 넘어서는 정보의 통제와 조작에 분노한다. 책임 소재를 묻고 집단 소송을 벌이면서 험한 말이 오가고, 중국에 호의적이었던 일부 유럽국가도 자국의 5G 통신망에 화웨이의 불참을 거론하는 등 상응 조치를 검토하고 있다. 중국의 자랑인 '중국제조 2025'와 '일대일로'의 앞날도 그리 밝지 않다.

그다음 우리의 이웃 일본. 1년이 지나 간신히 올림픽을 치렀지만 코로나19의 후유증이 일본 사회의 곳곳에 배어 있다. 올림픽 연기 이후 코로나19 환자 수가 폭증하면서 아베가 올림픽을 위해 국민의 생명과 건강을 외면했다는 비판을 불러일으켰다. 선진국 중 마지막으로 폭증한 코로나19 환자로 인해 아베의 지지율은 집권 뒤 가장 처참한 수준으로 떨어졌다. 그 와중에도 전쟁할 수 있는 정상국가라는 명분으로 개헌을 향한 야심을 숨기지 않았으며, 극우세력과 손잡고 '한국 후려치기'를 계속하고 있다. 독도 영유권 주장은 기본이고, 한국의 코로나19 방역은 한심스러운 수준이며, 무엇보다 한국에 대한 수출규제를 해제할 명분은 없다는 주장을 되풀이했다. 본문에서 일본과의 협력 가능성에 대해 다음과 같이 말했다.

"일본, 중국, 한국이 뭉치기만 하면, 아마도 세계에서 부럽지 않은 지역이 될 것이다. 그 전에 일본판 '브란트의 무릎 꿇기'는 정말 불가능할까? 만약 일본 수상이 위안부 할머니들 앞에 (무릎을 꿇고) 사죄하거나, 중국의 난징 대학살 기념관 앞에서 (무릎을 꿇고) 사죄한다면, 한국과 중국이 돌팔매를 던질까? 아니다. 이제 됐으니 미래를 이야기하자고 할 거다."

희망사항이었지만 배어 나오는 슬픔을 어찌할 수 없다. 일본의 극우세력이 혐한을 조장하고, 아베가 이 세력에 기대어 정치를 계속해 나가고, 일본 국민이 아베를 계속 지지하는 한, 한국·중국·일본이 먼 미래를 보고 협력해 나간다는 건 뜬구름 잡기에 불과하다.

유럽은 어떨까? 한 마디로 코로나19로 거의 반쯤 혼이 나갔다. 중국의 자본과 일대일로 정책에 가장 호의적이었던 이탈리아는 유럽의 우한이 되어 망연자실했다. 가까스로 확진자 곡선을 평평하게 하고, 코로나19 백신에 기대어 생활이 거의 정상으로 돌아왔지만, 이탈리아 국민의 가슴에 새겨진 상처와 고통은 쉬이 사라지지 않을 것이다. 경제의 상당 부분을 차지하던 관광과 여행이 언제쯤 정상으로 회복될지, 아니면 영원히 과거와 같은 황금시대가 오지 않을지 노심초사하고 있다. 독일과 프랑스 등 유럽의 다른 나라들도 별반 사정이 다르지 않다. 선진국이라는 자부심에 큰 상처를 입었지만, 그래도 다시 경제를 돌리고 눈앞의 현안 해결에 몰두하고 있다. 그들 앞에 놓인 가장 큰 문제는 EU를 떠나기로 한 영국과의 관계를 재정립하는 일이다. 누가 아는가? 영국이 코로나19로 홍역을 치르고 나서 EU 재가입 운동을 시작할지. 다행스러운 점은 코로나19 시대를 거치면서 중국과 일본과 달리 한국에 대한 인식이 매우 긍정적으로 변했다는 점이다.

그리고 미국. 앞에서 미국에 두 가지 질문을 던진 바 있다. 하나는 '미국, 왜 이러나?' 하는 것이었고, 또 하나는 '미국은 우리에게 무엇인가?' 하는 것이었다. 코로나19 사태가 지나갔음에도 불구하고 이 질문은 여전히 유효하며, 질문에 대한 답도 크게 차이가 나지 않는다. 어리석은 말 같지만, 아직 미국은 미국이다. 코로나19 확진자 수 세계 1위를 기록할 때도 그렇고, 불황에 가까운 경제침체로 세계 주요국들과 통화스와프 협정을 체결할 때도 그렇고, 코로나19의 책임소재를 둘러싸고 중국을 윽박지를 때도 그렇고, 백신의 생산과 보급을 둘러싸고 큰 소리를 낼 때도 그렇다. '미국을 위대하게' 그들의 구호는 변하지 않았다.

한국, 스스로 앞길을 열다

한국에 기회가 생기다

"한국이 전 세계가 배워야 할 방역 모델이 된 것처럼 현 사태에서 선거를 어떻게 치러야 하는지를 보여주는 하나의 모델이 될 것으로 보인다."(이탈리아 일간 〈라스탐파〉 2020년 4월 14일)

코로나19가 거의 종식되어 가는 지금까지도 한국의 방역*은 여전히 화제에 오르내린다. 선거가 끝나고 나서 환자가 다소 증가하기는 했지만, 검사하고 추적하고 격리해 치료하는 한국의 경험, 그것도 대규모 봉쇄 없이 마무리된 방역 경험은 한국이 향후 국내외 정책을 집행하는 데 있어서 운신의 폭을 넓혀줄 것이다.

하지만 여기까지다. 우쭐대지 말고 걸어가야 할 먼 길을 위해 옷깃을 여미자. 방역이 우수하다고 경제가 더 빨리 회복되는 것도 아니고, 북한 핵 문제, 일본·중국과의 관계 재형성, 미국과의 협력과 자존이 우리 뜻대로 되는 것이 아니기 때문이다. 더 나아가 해결해야 할 국내 문제 역시 산적해 있다.

더 근본적으로는 한국의 방역 사례와 경험을 평가받기보다는, 외국의 방역 사례와 경험을 평가하는 위치가 되었으면 한다. 칭찬받기

---

* 한국의 방역은 3T1P로 요약된다. 검사(Test), 추적(Trace), 치료(Treat) 그리고 시민의 참여(Participation)

보다 칭찬하는, 아니 칭찬할 수 있는 그런 나라가 되면 얼마나 좋겠는가?

한국은 기본적으로 국제협력을 바탕으로 한 개방과 경쟁으로 성장한 나라다. 코로나가19가 종식된 지금도 이 사실은 변하지 않는다. 그러니 각자도생의 이 험난한 환경에서, 방역 과정에서 보여준 우위와 평판을 바탕으로 G20의 장을 적극적으로 활용했으면 한다. 미국과 중국이 치열하게 싸우고, 일본과 유럽이 제 갈 길을 가더라도, 어느 나라가 되었건 무너지고 와해한 국제협력을 복원해야 한다는 기치를 내 걸 필요가 있다.

다시 묻는다. 왜 한국이 하면 안 되는가?** 보호무역, 자국 우선주의, 플랫폼 기업의 횡포, 온라인 전자상거래……. 이 문제들을 논의할 국제적인 협의체를 왜 한국이 주도하면 안 되는가? 무너져버린 WTO를 재건하여 WTO 2.0의 기치를 높이 들기 바란다. 지금 한국에 돌아온 이 천재일우의 기회를 놓치지 않아야 한다.

지금 다시 힘을 모을 때다

180 대 103. 지난 2020년 4월 15일 총선의 결과다. 결과를 두고 혹자는 여당의 승리, 혹자는 좌파의 승리, 혹자는 정부 방역의 승리라고 한다. 다 틀렸다. 정말 중요한 건 국민들이 지난 100여 년 동안

** 명심하자. 한국은 코로나19로 자신의 참모습을 알게 되었나. 선진국을 능가하는 신신뚝.

한국이 경험한 역사적 부침의 교훈을 가슴에 새기기 시작했다는 사실이다.

그래서 지금이야말로 한반도 남쪽에 제한된 대한민국의 운명을 극복해야 할 시점이고, 서구 중심의 선진국 콤플렉스를 벗어던지고 독자적인 앞날을 설계할 때다. 그러니 우쭐대거나 환호할 일도 아니고, 탄식하거나 절망에 빠질 일도 아니다. 어차피 한 배를 타고 한반도의 남쪽에서 미래를 함께 해야 하기 때문이다.

총선이 끝나고 한참의 시간이 흘렀다. 한 가지 다행스러운 점은 이전에 비해 싸움을 위한 싸움, 반대를 위한 반대가 현격히 줄어들었다는 사실이다. '품격과 초월'이라는 두 가치를 가슴에 두는 한, 국민의 삶과 생활을 걸고 정상배 같은 싸움과 반대를 할 수는 없다. 그렇지 않은가? 싸우고 싶다면 차라리 정책을 앞에 두고 치열한 논쟁을 벌이자.

우리가 가장 치열하게 논쟁을 벌여야 할 주제는 한반도 남쪽으로 제한된 내수를 어떻게 한반도 전체로 확장하느냐 하는 것이어야 한다. 이는 당위의 문제를 지나 방법의 문제로 다가왔다. 이 문제를 해결하기 위해서는 북한, 중국, 일본, 러시아, 유럽, 마지막으로 미국이 변수로 존재하는 복잡한 방정식을 풀어야 한다. 어려우면 어려울수록 찾아낸 방정식의 해법이 환호를 만들어낼 것이다.

또 하나 논의해야 할 정책은 다소 오래된 성장과 복지의 균형에 관한 것이다. 코로나19 이후 긴급재난지원금, 긴급재난기본소득 같은 정책이 '오뉴월 소나기'처럼 쏟아졌다. 지금도 완전히 정리되지 않았지만, 이 지원금과 기본소득은 공짜가 아니다. 세금을 투입해야 하고, 정부의 빚을 후손이 갚아야 한다. 기존 복지정책에 대한 재검토도 필요하다. 그리고 이와 똑같은 비중으로 대한민국 경제정책의 방향에 대해서도 논의가 필요하다. 재벌 혹은 벤처·중소기업, 내수 혹은 수출, 제조업 혹은 서비스, 제4차 산업혁명에 올라타는 방법. 어떤가? 이런 논의들을 앞에 두었으니 여야 모두 황홀하지 않은가? 싸움과 반대는 줄어들고, 정치인들이 이제 일을 하기 시작했다. 국민들이 환호하기 때문이다.*

개인적 삶의 사회화

아, 한 가지가 빠졌다. 이렇게 나라를 이끈 우리 자신에 대한 찬사

---

* 더 고민해야 할 주제는 '무엇으로 먹고살 것인가?' 하는 점이다. 아무리 국제협력을 복원하더라도 과거와 같은 황금시대는 오기 어렵다. 각자도생의 현실을 기반으로 해야 한다. 재벌 중심 구조에 대한 맹목적 비난보다는 비판적 성찰을 중심으로, 벤처와 중소기업이 공존하는 시스템을 만들어가야 한다. 인공지능과 사물인터넷이라는 제4차 산업혁명의 큰 흐름에 올라타고, 산업구조와 기업 간 협력 관계를 재점검해야 한다. 일본의 수출규제에 대응한 소재부품 산업의 다변화, 국산화를 계속 추진해야 한다는 점은 두말할 필요조차 없다. 산업의 관점에서 보면 우리의 미래 먹거리는 제약과 바이오, 반도체와 디스플레이, 배터리와 친환경 산업 그리고 콘텐츠에 있다. 특히 K-pop과 드라마, 영화를 중심으로 한 콘텐츠 생태계의 조성과 확장이 중요하다. 봉준호 감독이 할리우드를 주름잡고, BTS가 21세기의 비틀즈로 불리면 안 될 이유가 없다. 아, 하나가 빠졌다. 내수의 확장이다. 5,000만으로 제약된 한반도 남쪽을 대상으로 한 내수가 아니라 북한까지 포함한 한반도 전체를 우리의 내수 대상으로 삼아야 한다. 그러니 북한과의 관계 개선은 선택이 아니라 필수다. 본문에서도 언급했지만, 소득 주도 성장의 실질은 살리되 이름은 버리자. 코로나19 이후의 경기침체와 불황 돌파 그리고 지속적인 성장을 위해서는 투자, 내수, 정부지출의 조화 그리고 수출 고도화를 위한 새로운 안목이 필요하다.

가 어찌 없을 수 있겠는가? 사소한 나머지는 뒷날을 기약하더라도 한 가지만큼은 여기서 언급해야 한다.

동학개미운동. 누가 이름을 지었는지 모른다. 하지만 코로나19 이후 처참하게 폭락한 한국의 증권시장을 지탱한 '스마트 개미'들의 주식 매입을 이보다 더 적절하게 묘사할 수는 없다. 지난 100여 년, 한국의 가슴 아픈 역사에서 반외세, 반봉건의 기치를 내건 동학농민운동이 2020년의 한국에 재현될 줄 누가 알았겠는가? 스마트 개미들의 동학개미운동은 외국자본에 휘둘리는 한국 증권시장의 마지막 보루였다.

아직 그 성과를 평가하기는 이르다. 하지만 이 스마트 개미들이 정말 좋은 성과를 얻기를 바란다. 정부도 마땅히 제도적인 지원을 해야 한다. 증권거래세를 인하하고, 대주주 기준을 완화하고, 공매도를 금지하기만 하면 된다. 그 정도도 못하는가?

왜 이 동학개미운동에 주목하는가? 그것은 개인적 삶이 사회화한 것이고, 사회적 삶이 개인화한 것이기 때문이다. 쉽게 말하자. 경제적 자유를 성취하려는 개인들의 삶이 사회적 활동의 형태로 드러난 것이고, 한 국가의 주식시장 독립성을 쟁취하려는 사회적 목표가 개인의 행동으로 구체화 한 것이기 때문이다. 여기에 이르면 개인의 변화는 사회적 변화의 원동력이 되고, 사회적 변화를 이끌기 위해서는 개인의 행동이 요구되는 긍정적 피드백과 통일성이 이루어지게 된다.

다시 돌아간다.

조선은 조심하라.

바로 저기에 우리가 가야 할 길이 보이지 않는가?

4. 품격과 초월

COLUMN_ **품격과 초월**

창덕궁 인정전에 가 보았는가? 이른 아침이나 눈 오는 날 인정전 오른쪽의 품계석 가장자리에 서서 사선으로 인정전을 쳐다보라. 이곳에 설 때마다 나는 가슴 깊이 하나의 느낌을 삼킨다. 품격. 바로 그것이다. 임진왜란 이후 경복궁이 중건될 때까지 조선의 법궁法宮 역할을 한 창덕궁, 그 인정전. 처마가 하늘을 향해 있지만 오만하지 않고, 조정朝廷을 내려다보지만 위압적이지 않고 당당하다.

중국을 가 본 사람은 안다. 천안문 광장과 자금성의 그 거대한 위용을. 역사에 대한 통찰이 없어도 이 궁궐들이 주는 느낌이 무엇인지 안다. 위압. 바로 그것이다. 미안하지만 거기에는 품격이 없다. 힘으로 밀어붙이니 다 되더라는 오만함이 깃들어 있다. 과거의 유물일 뿐이라고? 그렇지 않다. 사드 배치로 인한 한한령限韓令이 여전한 데도, 중국 총리는 시안의 삼성전자 반도체 공장을 방문해서 도와달라는 말을 태연히 한다. 한국의 LCD와 휴대폰을 넘어 반도체까지 초토화하려 한다. 그것도 무지막지한 힘(돈)으로. 동북공정까지 거론할 필요조차 없다.

일본을 가 본 사람은 안다. 오사카 궁이나 동경의 궁들이 지닌 그 아기자기하고 오묘한 느낌을. 칼과 국화가 공존하는 교태 가득한 아름다움. 거기에도 품격은 없다. 과거의 역사에 불과하다고? 그렇게 생각하는가? 상황에 따라 말을 바꾸고, 해석을 바꾸고. 그것도 모자라 역사를 바꾸고, 제국의 역사를 다시 쓰려는 그 교활함.

종묘의 정전正殿에 가 보았는가? 늦은 가을이나 눈 내리는 겨울, 외대문을 넘어서자마자 그 자리에서 정전을 바라보라. 둔한 사람이라도 안다. 역대 왕의 위패를 모신 그 정전이 하늘과 땅 사이에 가만히 내려앉아 우리를 응시하는 것을. 여기서도 마찬가지로 하나의 느낌을 삼킨다. 그것은 초월이다. 마치 후손들에게 한마디 하는 것 같다. '도대체 무엇하는가? 죽어서 가져갈 게 뭐 있다고 사람들의 일상과 삶을 걸고 죽자사자 싸우는가?'

착각이라고? 조금만 주의 깊게 보면 지금 세계가 제2차 세계대전 직전과 비슷하다는 걸 알 수 있다. 자유무역의 몰락과 보호무역의 기승, 지독한 자국 우선주의, 불황의 공포. 우리는 또 어떤가? 중국과 일본, 미국, 러시아에 둘러싸인 한반도의 지형은 백 년 전과 별반 다를 게 없다. 그런데 왜 그리 싸우는가? 유성룡의 징비록도, 식민지 경험과 동족상잔의 경험에도 우리는 각성하지 못하는가? 견강부회, 침소봉대, 곡학아세. 도대체 우리의 정치인과 권력자, 언론인들은 무엇을 하고 있는가? 누구를 믿어야 하고, 누구에게 물어야 하고, 누구에게 호소해야 하는가?

인정전과 종묘. 조선은 뭐 그리 자랑할 게 있는가? 518년을 이어왔다지만 결국 일본의 식민지가 되지 않았는가? 지나친 단순화일지 모른다. 하지만 그 건물이 상징하는 품격과 초월이라는 정신이라도 있었기에 동족상잔의 끔찍한 상흔에서 이 정도라도 일어설 수 있지 않았겠는가. 한 개인이나 기업의 공이 아니다. 짓밟혀도 들풀처럼 일어서는 우리 역사와 정신의 힘이다. 눈을 들어 앞을 보자. 지나온 100년과 달리 앞으로의 100년은 지금과 현저하게 다를 수밖에 없다. 변화, 그것도 엄청난 변화가 우리를 기다린다. 툴툴 털어버리자. 자주와 공정을 향하지 않고, 국민과 한반도를 바라보지 않고, 정쟁 그 자체에 몰두하는 자에게 역사의 신이 품격이라는 죽비를 내리기를 바란다. 지금은 같이 일어서서 초월의 마음을 품고 이 작은 한반도를 다시 일으켜 세울 때다.

다시 눈을 들어 위를 보자

싸우지 말자. 한국의 정치권이나 단체에 제일 먼저 하고 싶은 말이다. 왜 그리 죽자사자 싸우는가? 정말 목숨을 걸고 싸운다. 명분과 실리가 있다면 싸워도 이해는 하겠는데, 명분도 실리도 없이 그냥 싸움을 위해 싸운다. 최근에는 그런 싸움이 진영, 국가, 민족이라는 탈을 쓰고 아주 노골적으로 진행되었다. 싸우지 말자. 좀 더 정확히 말하자면 싸울 만한 일에 싸우고, 논리와 명분을 가지고 싸우고, 암묵적인 규칙을 가지고 싸우자.

게임이론을 조금이라도 공부해본 사람이라면 '내쉬 균형'*이라는 말을 들어봤을 것이다. 그 내쉬 균형에서는 당신의 나에 대한 기대와 나의 당신에 대한 기대가 일치한다. 싸움을 예로 들어 말하면, 아무리 싸우더라도 건드리지 말아야 할 영역이 있고, 아무리 싸우더라도 하지 말아야 할 영역이 있다. 싸우더라도 서로 그 정도까지는 하지 말아야 한다는 암묵적인 합의가 있다는 것이다. 그 영역을 벗어나는 순간, 그 사람은 아웃이다. 하지만 2019년 한국의 싸움에서는 건드리지 말아야 할 영역, 하지 말아야 할 영역이 무너졌다. 싸움은 상대방과 나의 의견이 다르기 때문에 하게 되는데, 한국의 정치 싸움은 상대방이 나와 의견이 다르기 때문에 나쁜 놈일 수밖에 없다는 전제하에 시작되었다. 이 같은 편 가르기에 가장 열심인 주체가 정당이었고, 그다음은 언론이었다. 특히 언론은 사실이 아니라 의견을 보도하기에 바빴다. 부당, 편파 보도를 넘어 곡학아세曲學阿世하는 모

---

* 상대의 전략을 예상할 수 있을 때, 자신의 이익을 최대화하는 전략을 선택하여 형성된 균형 상태

습이었다.

　품격品格. 이 단어를 얼마나 떠올렸는지 모른다. 국회에서 대정부 질의를 하건, 광화문에서 대통령과 정부를 비판하건, 언론에서 특정인을 비판하건, 흥분하거나 열 올리지 않고 차분히 하나하나 따지면서 말하면 얼마나 좋을까? 온통 이 나라를 반쪽 내는 것이 그렇게도 기분 좋은 일인가? 그렇게 함으로써 자신이 속한 정당 혹은 집단의 지지도가 서푼 어치 올라가는 게 그리도 좋을 일인가? 싫건 좋건, 밉건 곱건, 비판하는 당신이나 비판을 당하는 그 사람이나 한 배를 타고 가는 공동 운명체가 아닌가? 말의 품격도 없을 뿐더러, 행동의 품격도 없었다. 그러니 미래 비전에 대한 품격이 있을 리 만무하지 않은가?

　2020년 벽두에 발생한 코로나19를 두고도 비슷한 풍경이 연출되었다. 의학적 대중영합주의Medical Populism, 의학적인 문제를 과학적으로 접근하지 않고 정파적으로 접근하는 태도를 말한다. 오바마 대통령은 아프리카에서 에볼라 바이러스가 창궐할 때도 국경을 폐쇄하라는 요청을 거부했다. 반면, 트럼프 대통령은 코로나19 확진자가 발생하자마자 중국에 대해 국경을 잠갔다. 오바마가 옳고 트럼프가 틀렸다는 말이 아니다. 최소한 과학적 근거를 두고 토론을 해야지, 진영 논리를 앞세워 상대방을 비난하지는 말아야 한다. 코로나19의 대비책이라는 외피를 쓰고 자신의 진영 혹은 정당의 지지도를 높이기 위해 퍼붓는 비판은 품격 있는 행동이 아니다. 코로나19는 시간이 흐르면 사라질 하나의 에피소드에 지나지 않는다. 하지만 품격 없는 행동은 잊히지 않을 것이다.

초월超越. 그런 품격은 하루아침에 이루어지지 않는다. 개인이건, 사회건, 국가건 품격을 갖추려면 삶과 사회의 흐름과 역사를 바라보는 안목이 전제되어야 한다. 논의를 줄이자. 품격 있는 사회나 국가가 결국은 한 명 한 명의 개인으로부터 시작된다는 점에서 개인의 초월이라는 개념을 앞에 내세우고 싶다.

어렵지 않다. 당신도 이 세상을 스쳐 지나가는 한순간의 바람에 불과하다. 어쩌면 초원에 핀 꽃에 맺힌 새벽이슬 같기도 하고, 거대한 대륙을 스쳐 지나가는 황소의 발자국에 불과할 수도 있다. 그러니 사물과 세상의 본질을 조금이라도 이해한다면 집착해야 할 것은 아무것도 없다는 사실을 발견할 수 있을 것이다. 삶과 생활이 의미가 없다는 말이 아니라, 그냥 살아간다는 그 자체가 하나의 의미라는 것을 알게 될 것이다.

집착하지 않으면 아무것도 무섭지 않다. 집착하지 않으면 아니라고 해야 할 때 과감히 말할 수 있고, 모든 사람이 아니라고 할 때 맞다고 할 수 있다. 아니건 맞건 아무 상관 없다. 관심 있는 것은 그것이 얼마나 옳은 일이냐 하는 점이다.

아! 품격과 초월. 이 두 단어를 새로운 시대를 맞이하는 이 대한민국 사회와 그 사회를 이루는 모든 개인에게 드리고 싶다.

조선, 한국 그리고 당신

짧지만 먼 여행을 함께한 당신. 축하한다. 이제 드디어 이 책의 에필로그에 도달했다. 책의 마지막 여정에 도달했으니, 필자가 무슨 이야기를 하려고 했는지 조금은 알 수 있을 것이다.

지금 대한민국이 엄청난 격변의 와중에 있다는 것, 역사적으로는 100여 년 전 조선이 마주했던 상황과 유사하지만 더 복잡하고 새로운 시대가 오고 있다는 것, 바람과 태풍이 한국의 외부와 내부를 흔들어 무역과 산업에 엄청난 변화를 초래하고 있다는 것, 그러니 현명하게 우리의 갈 길을 마련해야 한다는 것, 이제 그 변화의 흐름이 가슴에 와 닿는가?

다시 축하한다. 당신이 20대라면 50년, 30대라면 40년, 40대라면 30년이라는 격변의 세월을 살아가게 되었으니 말이다. 변화를 좋아하지 않는다고? 그렇다면 '아프니까 청춘'이라는 위로를 자양 삼아

하루하루를 살아가도 좋다. 그러나 좋아하지 않는다고 해서 변화가 당신을 비켜 가지는 않는다. 그러니 일단 마음을 열고, 변화를 받아들였으면 좋겠다. 한국인이라는 사실이 마음에 들지 않는다고? 그래도 어쩔 수 없다. 짐을 싸 들고 이민을 가도 마찬가지다. 다시 태어나지 않는 한, 한국인이라는 운명을 바꿀 수는 없다. 그러니 그 운명을, 그 변화를 가슴으로 안아보자. 그러기로 마음먹었다면 다음과 같은 질문을 피할 수 없다.

도대체 어쩌란 말인가? 한국이 격변의 와중에 있고, 내가 그 시대를 헤쳐가야 한다는 건 알겠는데, 한없이 약한 한 사람의 개인일 뿐인 내가 무엇을 한단 말인가?

"나 때는 말이야….."라는 식의 훈계를 꺼낼 생각은 없다. 지금부터 하려는 이야기는, 독자에게 말하는 형식을 빌렸지만, 사실 나의 20대, 30대, 40대를 향해 던지는 말이다. 지금 알고 있고 느끼고 있는 사실들을 가지고 그때로 돌아간다면 이렇게 한번 살아가겠다는 이야기다. 한 가지 부탁한다. 여기서 꺼내는 말들이 마음에 들지 않는다면 "나 때는 말이야….." 하는 이야기로 넘겨버려도 좋다.

한번 제대로 살아보고 싶다. 아침을 시작할 때마다, 새해를 시작할 때마다, 다가오는 이 엄청난 변화와 정면으로 부딪치고 싶다. 그것이 공부건 운동이건 사회활동이건, 가슴에 와 닿는 것이 있다면 아무런 계산 없이 그대로 끌어안고 싶다. 노후연금이 걱정되고 부동산과 주식으로 재산을 모은 사람이 부럽다면, 그것을 끌어안으면 된다. 부동산과 주식을 공부하라는 말이다. 부동산과 주식이 다른 사회활동보다 가치가 떨어져 보인다고? 그렇지 않다. 기술벤처를 설립해 IPO를 거쳐 재산을 모아도 좋고, 팀 로저스처럼 통일된 한국을 바라보며 부동산이나 주식을 사 모아도 좋다. 경제적 여유가 있으면 이 사회를 위해 할 수 있는 일이 얼마든지 있다. 다만 하루의 주식 시세에 일희일비하거나, 치열한 청약경쟁에 목숨을 걸지는 않았으면 좋겠다. 그런 자그마한 허들을 넘어 그 위를 바라보라는 말이다. 의병운동에 뛰어든 사람도, 일제 치하에서 독립전쟁에 목숨을 건 사람도 그런 일을 하기 위해 태어나지는 않았다. 눈을 뜨니 그런 일들이 다가왔고, 거기에 뛰어들지 않고서는 견딜 수 없었을 것이다. 그러니 하루의 아침에, 일주일의 시작에, 일 년의 시작에 우리에게 다가오는 일들을 가슴으로 껴안자. 그리고 하고 싶은 일을 하며 삶을 살아내자.

하나 더. 프롤로그에서 잠깐 말했지만 제대로 살기 위해서는 급변하는 시대에 맞추어 우리도 함께 변해야 한다. 그렇다면 무엇을 향해 어떻게 변해야 할까? '무엇'에 대한 답은 내가 주는 것이 아니다. 그 답은 앞에서 언급한 바와 같이 자신에게 물어보아야 한다. '어떻게'에 대한 답은 분명하다.

변화를 위해서는 선택과 집중이 필요하다. 다가오는 변화의 물결에 올라타기 위해서는 삶의 어느 부분을 특별히 변화시켜야 할 지 결정할 필요가 있다. 선택적 변화, 집중적 변화가 바로 그것이다. 어느 부분을 변화시켜야 할 지 확신이 서지 않는다면, 가장 먼저 자기 자신을 돌이켜보며 공부해야 한다. 좋은 시험성적을 얻기 위해 시간을 투자하라는 말이 아니라, 자기 삶의 어느 부분을 집중적으로 바꾸어야 할 지 구체적인 계획을 하나씩 수립해가라는 말이다. 이 책을 꼼꼼히 정독하는 일도 그런 공부에 포함될 수 있다.

이 과정에서 가장 중요한 부분은 열심히 하기보다 현명하게 해야 한다는 점이다. 서두르다가 선택과 집중이 잘못되면 그것을 돌이키기 위해 더 많은 시간을 쏟아부어야 하기 때문이다. '열심히'는 '현명하게' 다음에 와야 한다. 현명하게 자신을 변화시킬 계획을 만들기 위해서는 자신과 거리를 둘 필요가 있다. 그러지 않고서는 자신의 모습을 온전히 볼 수 없기 때문이다.

결론적으로 말하자. 변화의 물결을 타고 한 세상을 현명하게 재미있게 열심히 살기 위해서는 자신을 객관적으로 보고 무엇을 향해 자신을 바꾸어야 할 지 결정해야 한다.

대한민국은 격동의 한 가운데를 지나고 있다. 해결하지 못한 북한 핵 문제, 긴 여운을 남길 미국과의 방위비 협상 문제, 사드 배치를 둘러싸고 민낯을 드러낸 중국과의 관계설정 문제, 수출규제와 입국 금지 등 악화 일로를 걷는 일본과의 관계설정 문제, 제4차 산업혁명으로 엄청난 소용돌이 속에 있는 산업 문제, 자유무역의 퇴조 속에 지속적인 성장을 고민해야 하는 무역 문제. 어느 하나 쉬운 문제가 없다. 지금 우리의 날갯짓 하나가 수십 년, 아니 100년의 미래를 결정할 수 있다. 그러니 허둥대지 말고, 조급해하지 말고, 품격과 초월의 마음을 품었으면 한다. 그래서 그 변화와 문제를 타고 넘어 나아갔으면 한다. 그러니 이 책을 관통하는 하나의 응원으로 이 에필로그를 마치고 싶다.

조선은 조심하라!

하나만, 더. 이 책을 읽는 당신, 이 역동적인 대한민국에 태어난 것을 축하한다. 변화의 구름을 타고 멋진 인생을 설계하기 바란다. 그러니 이 책을 관통하는 응원을 다시 당신에게 한다.

당신, 조심하라!

위기의 조선을 떠올리며 우리의 미래를 생각한다

조선은 조심하라

초 판 1쇄 인쇄 2020년 6월 10일
　　　1쇄 발행 2020년 6월 15일

지은이 김기홍
펴낸이 박경수
펴낸곳 페가수스

등록번호 제2011-000050호
등록일자 2008년 1월 17일
주　　소 서울시 노원구 중계로 233
전　　화 070-8774-7933
팩　　스 0504-477-3133
이 메 일 editor@pegasusbooks.co.kr

ISBN 978-89-94651-34-7 03300

이 도서의 국립중앙도서관 출판예정도서목록(CIP)은 서지정보유통지원시스템
홈페이지(http://seoji.nl.go.kr)와 국가자료종합목록 구축시스템(http://kolis-net.
nl.go.kr)에서 이용하실 수 있습니다. (CIP제어번호 : CIP2020022121)

※잘못된 책은 바꾸어 드립니다.
※책값은 뒤표지에 있습니다.